家庭教育

JIATING JIAOYU

高中三年级

总主编——朱永新
本书主编——王文蓉 翟博

漓江出版社
·桂林·

图书在版编目（CIP）数据

家庭教育．高中三年级 / 朱永新总主编 ；王文蓉，翟博主编．-- 桂林 ：漓江出版社，2023．8
ISBN 978-7-5407-9125-4

Ⅰ．①家… Ⅱ．①朱… ②王… ③翟… Ⅲ．①高中生—家庭教育 Ⅳ．①G78

中国版本图书馆 CIP 数据核字（2021）第 138869 号

家庭教育　高中三年级
JIATING JIAOYU GAOZHONG SANNIANJI

总 主 编　朱永新
本书主编　王文蓉　翟　博

出 版 人　刘迪才
选题统筹　李　弘
责任编辑　谢佩珍
装帧设计　黄　洁
责任监印　杨　东

出版发行　漓江出版社有限公司
社　　址　广西桂林市南环路22号
邮　　编　541002
发行电话　0771-5825315
邮购热线　0771-5825315
网　　址　www.lijiangbooks.com
微信公众号　lijiangpress

印　　制　广西民族印刷包装集团有限公司
开　　本　787 mm × 1092 mm　1/16
印　　张　10.75
字　　数　171千字
版　　次　2023年8月第1版
印　　次　2023年8月第1次印刷
书　　号　ISBN 978-7-5407-9125-4
定　　价　32.00元

丛书编委会

总主编　朱永新　国家全民阅读形象代言人。全球最大教育奖项“一丹教育发展奖”得主，国际“爱阅人物奖”得主，“中国阅读三十人论坛”成员，新教育实验发起人，新阅读研究所创办人。出版《未来学校》《致教师》等专著数十部，作品版权输出美国、法国、德国、日本等，被译为31种语言。被评为“中国十大教育英才”、中国教育60年60人、“为了公共利益”年度人物、“2020年度全国政协委员优秀履职奖”等。

执行主编、小学学段主编　童喜喜　儿童文学作家，教育学者，说写课程创始人。中国十大作家奥运火炬手，全国推动读书十大人物，教育部“全民阅读标准建设工程”咨询专家，美国哈佛中国教育论坛第一位儿童文学作家，“中国阅读三十人论坛”成员兼秘书长。作品输出海外，被译为3种语言。

学前、幼儿学段主编　文萍　广西幼儿师范高等专科学校校长，广西教育学会副会长，教育部职业院校教学指导委员会中小学教育专门委员会副主任委员。

学前、幼儿学段主编　杨咏梅　中国教育报家庭教育周刊原主编，第二届中国家庭教育“十佳”公益人物，中国家庭教育学会宣传教育专业委员会副理事长，中国教育学会家庭教育专业委员会常务理事。

小学学段主编　李福灼　南宁师范大学教师教育学院院长。教育部国培计划专家库专家，教育部中小学校长国家级培训专家库专家，教育部-联合国儿童基金会“社会情感学习（SEL）”项目国家级专家。

初中学段主编　石鹏　广西南宁市第十四中学校长，“全国家庭教育创新实践基地”学校带头人，曾获“全国模范教师”“全国优秀教师”“特级教师”“广西基础教育名校长”等荣誉称号。

初中学段主编　殷飞　南京师范大学心理学院副教授，南京师范大学家庭教育研究院副院长，江苏省家庭教育研究会副会长，中国家庭教育学会常务理事。

高中学段主编　王文蓉　南宁师范大学教师教育学院副院长，硕士生导师。教育部全国中小学幼儿园教师培训专家工作组专家，教育部国培计划专家库专家，教育部校长国培计划专家库专家，教育部-联合国儿童基金会“社会情感学习（SEL）”项目国家级专家。广西家庭教育研究会副会长，广西教育学会家庭教育专委会理事长。

高中学段主编　翟博　中国教育报刊社原党委书记、社长。在理论研究、教育研究、新闻和文学写作等多方面取得丰硕成果。

本书编委会

总 主 编： 朱永新

本书主编： 王文蓉　翟　博

副 主 编： 杨　菲　杨斌勇

本书作者： 杨　菲　杨斌勇　吴训慈
文菊香　商南花　付松锋
黄声普　黎志新　徐卫良
蒙立珠

总 序

家庭是教育的起点

朱永新

我们培育的孩子，是中国美好的明天，是我们共同的未来。每个大人都希望孩子有出息，希望今天的孩子是明天的人才。

但是，无论父母还是老师，我们很多大人在面对孩子的许多问题时，经常力不从心，不知所措。遇到困难的大人们，无论是渴望家庭教育方法的父母长辈，还是希望引导父母做好家庭教育的一线教师，不仅需要倾诉和聆听，更需要得到指导和帮助。这一套为家长量身打造的“家庭教育”丛书，正是为此应运而生。

为了让这套“家庭教育”丛书能够得到更好运用，在编写过程中，我们对各个环节进行了精心的设计。

我们针对0～3岁、幼儿园、小学、初中、高中五个阶段，分别邀请专家学者进行主编：《中国教育报·家庭教育周刊》主编杨咏梅和广西幼儿师范高等专科学校校长、教育学博士文萍主编0～3岁阶段和幼儿园阶段的内容，新教育萤火虫亲子共读公益项目创始人、原新家庭教育研究院理事长、著名儿童文学作家童喜喜和南宁师范大学教师教育学院院长、教授李福灼主编小学阶段的内容，南京师范大学教授、新家庭教育研究院副院长殷飞和南宁市第十四中学校长、正高级教师石鹏主编初中阶段的内容，中国教育学会家庭教育专业委员会常务副理事长、中国教育报刊社原党委书记兼社长翟博和南宁师范大学教师教育学院副院长、广西家庭教育研究会副会长王文蓉主编高中阶段的内容。

这五个阶段的主编，都是活跃在一线的优秀专家，在学术研究上各有造诣，都是家庭教育工作的资深学者，常年奔走在全国各地，对家庭教育的一线情况如数家珍，不仅有着广泛的影响力，更对不同地区的家庭教育特点有着全面把握，让这套丛书的内容能够更好地覆盖不同群体。

我们反复研讨，提出了诸多具体细致的编写要求。比如写作中，围绕相同问题，需要归纳不同背景、不同环境下容易出现的不同类型的状况或做法，分门别类地进行指导，从而让读者在阅读中更容易发现自己的问题和不足，选择方法时更有针对性等。

我们组建了由在中小学、幼儿园工作的优秀教师和全国各地的“新教育种子计划”公益项目的榜样教师组成的作者团队。这些作者本身就活跃在家庭教育的一线，他们每个人都在为丛书添砖加瓦，使得这套丛书更接地气，进一步提高其实用性。

我们以“过一种幸福完整的教育生活”作为宗旨，在内容中贯彻诸多家庭教育的根本理念，如“教育，从家庭开始”“幸福比成功更重要，成人比成才更重要”“阅读和家庭，是教育的两大基石”“母亲是女人最神圣的天职”“父亲是男人最重要的工作”“与孩子一起成长”“教育需要智慧爱”等。

我们反复推敲丛书的体例，形成了一个严密而高效的结构——

导语，对单元目标进行提纲挈领的把握。

案例分析，以当下事件为切入点，提炼重大问题，有的放矢。

了解孩子，明确不同年龄段孩子的主要特点，增进多方了解。

实施指南，以简明扼要的语言提供具体方法。

延伸拓展，围绕相关主题，推荐更多图书、影视或亲子活动，便于按图索骥，亲子共读、共赏、共乐。

评估改进，以现实生活中易犯的错误，结合章节的主题，编写测试题，供读者自测、自评，拟订行动计划。

鲜活的案例、务实的分析、高效的方法、贴心的测评，我们相信，这套丛书能够成为家庭教育的高参，成为家校共育的锦囊。

其实，在收到主编这套“家庭教育”丛书的邀请之时，我犹豫了很久。一是因为本职工作已经非常忙碌，主编一套丛书需要不少时间；二是因为早在几年前，我已经组织编写过一套同类题材的图书。最终，考虑到漓江出版社当时是应教育部门的委托前来邀请，考虑到有了此前的经验能够弥补一些不足，可以进一步提高家庭教育的有效性，我还是答应下来。

我知道，理念转化为图书容易，方法转化为行动艰难，所以我们从不同层面，推动着行动。

我把主编这套丛书的稿费 100% 捐赠给江苏昌明教育基金会，用于开展更多家庭教育研究和实践。

这套丛书的主编团队、作者团队，不仅会完成这套丛书的编写，还会在更多家庭教育的活动中，身体力行地帮助家长、教师、社会工作者运用这些知识。

在漓江出版社的支持下，由“家庭教育”丛书的编写委员会执行主编、小学阶段主编童喜喜以中国儿童文化艺术基金会“新孩子”专项基金和新教育新阅读研究所统筹组建的公益团队，已经在为城市、乡村等不同处境的父母群体细化研发更有针对性的课程，密切关注留守儿童成长问题、隔代教育问题等，并借助网络的便利，以公益的方式，将以“新父母双师网校”为载体，以“新教育种子计划”、“新教育萤火虫亲子共读”等公益项目联合开展家校共育，为父母、老师提供更多跟进指导。

这套丛书的内容得到了许多学校的认可。如今越来越多的学校教育工作者发现：家庭教育做好了，学校教育的地基就坚实了。所以，我们也和漓江出版社多次沟通，根据学校的特点和要求进行相应调整，专门推出了适合学校工作的版本，便于学校组织开展家庭教育工作。

陶行知先生说过：“生活即教育。”家庭教育正应该成为这样的生活。教育应以万千家庭的生机盎然，组成新时代的蓬勃原野。

感谢漓江出版社的信任，感谢参与编写和创作的全体专家、老师认真勤奋、卓有成效的工作。错漏之处，敬请读者们多多指正。

家庭是教育的起点。起点稳了，方向对了，基础就牢了，孩子就好了，家庭就和谐了，教育就完整了，人生就幸福了。让我们一起努力，用好教育建设我们的好家庭！

2022 年 8 月 13 日写于高铁途中

目　录

导语　了解高三的孩子 /1

高中三年级上册

第一专题　如何陪伴孩子成长成人 /5

树立正确的家庭教育观，帮助孩子理解“自律”与“自由”、“权利”与“义务”的意义，教会孩子辩证地看待竞争与合作。

第二专题　如何和孩子一起选择未来专业方向 /23

分析并指导孩子选择适合孩子的升学渠道，锁定合适的院校和专业，采取科学有效的策略填报志愿。

第三专题　如何和孩子一起冲刺高考 /48

了解孩子产生“高原现象”的原因并及时引导孩子做出调整，培养孩子制订有效应试策略的能力，做孩子陪考路上的得力助手。

高中三年级下册

第四专题 如何帮助孩子释放升学压力 /72

给孩子做良好的情绪示范，巧用方法缓解孩子的焦虑和压力，提醒孩子注意适度运动和均衡摄入营养。

第五专题 如何给孩子上好情商课 /94

指导孩子恰当地处理高三时期的人际关系，用行动为孩子迎考提供良好的家庭氛围，引导孩子发现并提升自我价值。

第六专题 如何与孩子一起做好走向大学的准备 /114

陪伴和指导孩子适应高考后的状态，翻开人生崭新的篇章，协助孩子制订大学学业生涯规划。

第七专题 如何放开孩子的手 /139

学会换位思考，支持孩子的自主选择和个性发展，化解分离焦虑。身体力行，做孩子成长的榜样。

导语　了解高三的孩子

升入高三的孩子，身体和精神都承载着巨大的高考压力；家长也不敢松懈，和孩子一起经历着起起伏伏的心路历程。

高三的孩子心理上较高二年级时更为稳重、踏实。面临高考，他们踌躇满志，向着心目中理想的大学发起最后的冲刺。在冲刺的过程中，他们也会紧张、焦虑，还有可能会受挫——从进入高三时的信心满满、激情澎湃到寒假前的疲惫不堪、情绪低落，从对模拟考成绩不满意而出现的自我怀疑到高考前的焦虑不安。我们要正视孩子在这个时期的心理变化，给予孩子足够的信任和支持。

从学习的情况看，高三的孩子无论是学习习惯、学习方法还是学习态度，都进一步稳定和成熟。但在高考冲刺阶段，孩子容易出现闭锁心理、考试焦虑、学习倦怠和浮躁心理。

1. 闭锁心理

闭锁心理是孩子进入青春期后出现的一种阶段性的自我封闭的心理现象，具体表现为不爱与人交流，不外露内心的矛盾。大多高三阶段的孩子会把精力放在学习上，减少课外活动，减少与他人的交流。

造成孩子闭锁心理的原因有：①学业紧张造成精神紧张，孩子难以排解紧张的情绪，所以选择自我封闭来保护自己；②孩子认为家长不能体会自己内心的焦虑和压力，认为即使说了也毫无帮助；③家长的过度关心让孩子情绪烦躁，孩子只能通过减少交流来逃避父母的束缚。

2. 考试焦虑

考试焦虑是指因考试压力过大而引发的一系列异常的生理和心理现象，包括考前焦虑、临场焦虑（晕考）和考后焦虑。一定的焦虑是有利于备考的，有助于使孩子保持学习动力，按计划复习。考试产生的学习压力和学习效率之间呈倒U形关系。（见图1）

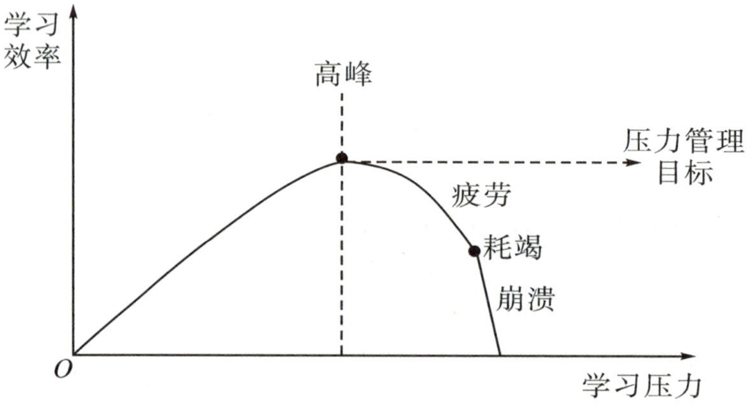

图1 学习压力与学习效率之间的关系

适度的压力可以提升学习效率，但当压力值达到一定程度时，就会对学习效率产生负面影响。从一家心理健康机构曾做过的研究来看，调查样本中61%的孩子存在不同程度的考试焦虑（其中26%的孩子存在严重考试焦虑），女生患严重考试焦虑的数量是男生的2倍。升学愿望越强烈，孩子越觉得自己备考不足，越感到考试的压力如影随形。备考的巨大压力加上成绩起伏不定，孩子越发感到焦虑、不安和消沉，有可能产生考试前一系列的生理和心理的问题，如失眠、注意力不集中、脾气暴躁等。

造成孩子考试焦虑的原因有：①学业上的竞争和高考的临近使孩子对考试产生焦虑；②高考选拔性考试的特征让家长和孩子在价值观上产生“考高分、上好大学是唯一目标”的观点；③个体差异所导致。

3. 学习倦怠

学习倦怠是孩子对学业持负面态度的一种现象，伴有以下行为表现：对所学课业和学校活动的热忱消失，对同学和朋友变得冷漠和疏远，等等。孩子长时间受到来自课业等方面的压力，在高压力的环境中学习，短时间不能看到满意的学习效果，就有可能消极怠学，失去目标。

造成孩子学习倦怠的原因有：①高中三年持续艰苦的学习，却没得到理想的成绩，甚至遭遇滑铁卢；②不切实际的高考目标与实际学习水平之间形成了巨大的落差；③家长对孩子的期望过高，频繁的施压和数落使孩子产生了巨大的心理压力，从而采取逃避策略。

4. 浮躁心理

浮躁心理是指做事急躁，不沉稳，不冷静，不扎实，对待生活和学习缺乏踏实的精神和持久的耐力。孩子的浮躁情绪常常伴随着失眠、胃口不好、身体免疫力下降，甚至可能患上神经衰弱。浮躁使孩子对学习的控制能力减弱，学习自觉性下降，心神不宁，郁郁寡欢。

造成孩子浮躁心理的原因有：①学习和做其他事情缺乏策略，表面上看学习和做事的速度很快，实际上缺乏耐心和恒心，无法专心学习；②对学习有畏难情绪，随之变得烦躁不安；③求胜心切，但学习成绩总上不去，精神压力大。

高三是孩子学习的攻坚时期，我们要给孩子“定心丸”：在孩子慌乱时及时帮助他们稳定情绪，提升自信心；做孩子爱吃的饭菜，陪孩子轻松地聊聊天；等等。应尽量做到以下几点：

1. 客观地对待高考

高考的重要性毋庸置疑，但我们也要理性看待和分析孩子的实际情况，不要盲目地给孩子制订不切实际的目标。高考是一场既考验孩子又考验家长的竞赛。虽然我国高考的录取率在近十年来大幅提高，但是如果家长和孩子就此松懈倦怠，就有可能影响孩子高考的最终发挥。我们要辅助孩子做好高考相关的工作，主动了解高考的新特点和新情况，了解孩子心仪的高校近几年的录取分数线和专业的排名等，这样我们与孩子的高考对话才能同频，才能在指导孩子制订高考目标时有的放矢。

2. 对孩子要有界限感

一是思想的界限感。不要把自己未完成的梦想寄托在孩子身上。孩子有他们自己想要追求的人生梦想，我们只需要在孩子的身后，目送孩子踏上他们自己选择的人生道路，给他们支持和力量，放手让孩子成就属于他们的人生梦想。二是行为的界限感。相信孩子，支持孩子，尊重孩子，保护孩子的隐私，注意与孩子的沟通方式和方法。三是情绪的界限感。家长紧张的情绪会有弥散性作用，因此我们要注意调节和控制情绪，避免给孩子带来负面影响。

3. 做好“大后方”的工作

一是做孩子心灵的港湾。做孩子思想工作时要有针对性，在孩子遇到挫折、情绪低落时，要注意陪伴，学会倾听、耐心开导。二是做孩子的“后勤部长”，尽量保证孩子的学习和生活所需，保障饮食营养均衡。三是营造安静怡人的家居环境及温馨和睦的家庭氛围，给孩子创造舒适的学习和生活环境。

4. 做好孩子高考的“陪跑员”

我们要尽量提前了解高考志愿填报的事宜，了解招生规则、大学办学层次和专业情况，结合孩子的兴趣爱好，帮助孩子做好对未来的规划。我们的社会阅历和人生经验比孩子多得多，可以在高考前后与孩子促膝谈心，开诚布公地和孩子聊聊对未来的规划。

高中三年级上册

第一专题 如何陪伴孩子成长成人

孩子上了高三，每一天都离高考越来越近，但孩子最近的学习状态和情绪好像不太稳定。有时信心满满，学习热情高涨；有时却萎靡不振，拒绝与人沟通。这样的状态很容易造成学习成绩的大幅波动。

出现这样的现象，是因为孩子高考压力大，自我调节能力不够？还是因为孩子的升学目标尚未明确，学习动力不足？或者是因为孩子学习基础差，没有养成良好的学习习惯，觉得考大学无望而自我放弃？担忧着急的我们，应该怎么做才能更好地帮助孩子呢？

专题目标

1. 树立正确的成长成人观。理解高三孩子的状态，具备指导孩子减压的能力，同时培养孩子的自律品质。

2. 树立正确的育儿观。明晰做父母的责任，明白家庭教育的重要性，学会正确地施教和施爱。教育孩子明白成年人的权利与义务，以及学会在竞争中成长。

明白自律与自由的内涵，让孩子做自己的主人

案例分析

案例　给女儿的一封信——谈自律

女儿：

前天晚上发生的事让妈妈觉得，有个道理应该让你早点明白。

你从小自觉性就很高，妈妈也一直对你很放心，给你充分的信任和自由。你虽然从初中一年级开始就有了自己的手机，但是并没有因为手机而耽误学业。你有自己的社交账号，因为你需要进入与自己有关的学习群了解各种信息和通知；你的账户里也长期存有足够的零花钱，因为妈妈相信你能管理好。妈妈经常出差，工作很忙。寒暑假时，你总是一个人在家，自己复习、去学书法或到书店看书，妈妈相信你会自己安排好时间。

但是前天晚上，妈妈发现你半夜了还在用手机看网络小说。妈妈很不理解，但也想听听你的想法。

自律，是自我约束。妈妈一直教育你，要学会自我管理，不该做的事不做。临近高考，如果你因为警惕性不高、迷恋小说而导致高考失败，会是多么遗憾的事啊！

女儿，妈妈今天语重心长地跟你谈自律，相信你听得进去，并会有所行动。希望你把这封信保存起来，当你想松懈的时候，就拿出来读一读，想一想。妈妈相信你一定可以成为自觉自律、能为自己未来负责的人。

爱你的妈妈

写于 2021 年 4 月 15 日清晨 5 点

这位妈妈发现女儿在离高考只有几十天时的某个深夜偷偷看小说，没有当场批评与训斥，而是第三天给女儿写了一封意味深长的信。妈妈认真的态度、宽容的做法和有理有据的分析感动了女儿。女儿收到信后，直到高考结束都很自律了。

高三阶段，孩子的生活和学习变得紧张忙碌起来，他们将大部分时间都投入对知识的反复梳理、复习和测试中，这往往需要孩子更加自律。同以往相比，这个阶段的孩子心理和身体上有可能会出现一些问题，比如因学习效果不好而产生厌学情绪，因成绩下降而感到焦虑，学习压力大而无法缓解，学习目标过高无法达到，有学习计划但无法坚持等，这些问题在很大程度上会干扰孩子的学习与生活，阻碍他们实现既定的目标。面对可能出现的问题，如何变“堵”为“疏”，关注和引导孩子，培养孩子独立面对和解决问题的能力，是我们每一位高三孩子家长的必修课。

了解孩子

自由和自律是紧密联系、相辅相成的。德国古典哲学家康德说：“所谓自由，不是随心所欲，而是自我主宰。”实现真正的自由，必须依靠高度的自律。

孩子到了高三会出现各种各样的现象，比如对成绩不满意、信心不足，害怕自己与同学拉开差距而被同学和老师看不起、被家长唠叨抱怨；一考试就烦躁不安，睡不好觉；拒绝与他人沟通；因为一点小事就莫名其妙地发火；等等。这些现象的产生主要是升学期望值过高、对高考的担忧，以及身体和心理超负荷导致的。这种状况下的孩子一方面特别抵触粗暴的说理、安排和强迫；另一方面由于对学习缺乏自信而畏难逃避，用负面情绪消极对待一切，甚至用弃学和弃考等方式进行对抗。

高三孩子因学习压力而敏感脆弱，遇事患得患失，有时需要通过一定的“自由”来获得安全感和自信心，这样才更有动力去主动学习，更有力量进行自我约束。

有自律品质的孩子能拒绝种种诱惑，内心强大，遇事不惊、从容自信，也不会轻易放弃、焦虑不安。这样的孩子，即使面对高三的种种压力，也能始终处于健康的生活状态和积极的学习状态中。自律，让孩子朝着既定目标顺利前行，由此带来的个人能力和品质的提升，让孩子在未来的道路上拥有更多选择和机会，获得更大的自由。

一名当代服装设计大师曾说：“我从来不相信什么懒洋洋的自由，我向往的自由是通过勤奋和努力实现的更广阔的人生，那样的自由才是珍贵的、有价值的；我相信一万个小时定律，我从来不相信天上掉馅饼的灵感和坐等的成就。做一个自由又自律的人，靠势必实现的决心认真地活着。”当孩子明白了自律与自由的内涵，能将自律与自由高度融合，就意味着其开始从自律走向自由，追求目标时也会从被动走向主动，会对自己的未来更加负责。

实施指南

高三孩子缺乏自律的原因大多与学习有关，如在学校上课注意力不集中，在家学习效率非常低，想法很多、目标很高但行动力弱，等等。我们不能只是简单地批评，而应该先分析现象并找到问题的根源，寻找合适的方法帮孩子纠正不良习惯。

1. 和孩子一起分析提高听课效率的方法

高三学业繁重，老师课堂教学的节奏也很紧凑。在日复一日的高压下，有相当一部分高三孩子上课时出现开小差、打瞌睡的现象，听课效率不高，这种现象越临近高考越明显。出现这种现象的主要原因有休息时间不够、睡眠质量不好，学习压力大、身心疲惫，学习基础不好、听不懂课程内容，没有目标、自我放弃，等等。找到产生问题的原因后，就要从根源上入手。若睡眠不足，可以改善住宿环境和规划作息安排，增加睡眠时间，改善睡眠质量；若因学习压力大导致身心疲惫，可以采取一些小方法，如睡前冥想5分钟、起床前深呼吸1分钟、每天跑步10分钟、加强膳食营养等。还可以启发孩子用做听课笔记的方式来改变课堂上开小差的状态。坚持做课堂笔记是一种意志锻炼，能提高学习控制力和听课注意力。

2. 和孩子一起营造在家学习的好环境

有些孩子在家学习远不如在学校学习高效，主要原因是家里缺乏良好的学习环境。“在家学”比“在校学”难度更大、要求更高，我们要帮助孩子树立“在家学也要守规则”的意识，参照在学校学习的标准，营造良好的学习环境。“在家学”要营造的环境之一是“把书房变成课堂”，即构建“一个人的教室”。但要注意的是，周末和假日是孩子身心需要放松的时间，若还完全按学校的标准，孩子又不情愿，效果可能会适得其反。“在家学”要做好三个“固定”，即固定学习地点、固定学习时间、固定学习设备。具体做法如下：

（1）固定学习地点

最佳的学习地点是书房。没有书房的家庭可以选择一个可以摆放书桌且相对安静的区域，最好远离卧床。督促孩子收拾干净桌面，准备好学习用品和所需的设备，尽量与学校教室书桌的布置相似。

（2）固定学习时间

孩子在家学习也要有相对稳定的作息时间。我们可以根据孩子的学习情况，和孩子一起规划一天的学习时间总量和各时间段的分配；指导孩子根据实际情况制订作息表，劳逸结合。

（3）固定学习设备

要保证家里的网络和孩子的学习设备能够正常使用，同时要防止孩子因过分依赖网络而降低学习专注度。让孩子自己安排一天中使用电子设备的时长和时间段，在非规定使用时间一定要关闭设备，静心学习。

帮助孩子理解成年人的权利与义务

案例分析

案例 依赖父母帮填志愿

一名已经考上名牌大学并就读了一年多的大学生，给自己的高中母校写了一封信，请求学校能给他一次复读重新参加高考的机会。他在信中非常懊恼地写道："高中三年，我把学习的目标定位为'上大学'。除了'啃书'、'刷题'和考试，从未了解过大学之间的差别，不知道大学里设有哪些专业、需要学习哪些相关的课程，也没想过自己以后要从事什么职业，这些职业与大学的哪些专业有关联。高考结束后，觉得自己考得还行，上一所较好的大学没有问题。当父母让我自己上网了解志愿填报信息、了解报考大学和专业时，我完全没有意识到这是我人生中一件很重要的事，还把这个任务交给了父母。最终，父母只能根据我的高考分数填了一所 985 大学。名牌大学是考上了，但我就读后才知道，学一门自己完全不了解、不感兴趣、不擅长的专业是一件多么痛苦的事。我用了一年多的时间尽力去适应、去努力，但最终还是失败了……"

这名大学生的爸爸说，孩子进大学一个月就要求退学。刚听到这个消息时，他和孩子妈妈十分震惊，也非常生气——那么好的大学，多少人考不上，多少人羡慕，儿子却要退学。夫妻俩轮番上阵，狠狠地训斥了儿子。接下来的日子，孩子经常给家里打电话诉说自己真的学不进去、很想复读重新选专业的痛苦。夫妻俩有时好言劝孩子要多适应，有时严厉地批评孩子要好好珍惜，有时粗暴地直接拒绝孩子的请求。后来发现孩子不怎么与家里联系了，打电话给孩子，孩子也常常不接电话，爱理不理。夫妻俩很担心，辗转找到孩子的大学辅导老师了解情况，辅导员说孩子完全没有学习热情，考试经常不及格，性格也越来越孤僻了。夫妻俩回想起孩子在高中三年的情景，才意识到除了关心孩子的分数和照料孩子的生活，几乎没有引导孩子主动了解学习以外的事，特别是填报高考志愿时觉得只要不浪费分数，能上名校就行，没有与孩子一起深入交流过专业选择的事；即使面对孩子大学入学后的诉苦，做父母的也没有耐心倾听，而是一次又一次粗暴地反对孩子的退学诉求。孩子在大学里越来越糟糕的状态，父母也有责任，最终夫妻俩答应了孩子退学复读。

幸运的是，这名大学生最终回到了高中复读，并于第二年考上了自己喜欢的专业。他再次进入大学不久后发出感慨："有了之前挫折的经历，我在复读的一年里虽然学业紧张，但还是和父母一起通过多种方法了解我的专业倾向与潜质，以及打算从事的职业前景与相关素养等信息；高考后的志愿填报更是综合各方面信息，应多方比对，慎之又慎。虽然这次录取的大学没有之前就读的大学有名气，但因为选择了自己感兴趣和擅长的专业，所以学得特别投入，生活也很开心……"

马克思说："人的需要是他们的本性。"我们在家庭教育中培养孩子在成长中必要的品质，与帮助孩子上所好大学同等重要。成功只是生命过程中的其中一个结果，而成长则是生命的必经过程。孩子考上名牌大学、获得一致肯定是他人眼中的成功，对学业全力以赴、与父母与老师同心同行、体会求学路上的酸甜苦辣才是成长。成功并不等于成长，成功是目标，成长则是通往目标的道路。只问成败、不重过程的父母，会使孩子成长的道路越走越窄。高三这一学年，仅仅要求孩子考上好大学是不够的。提升孩子对责任感和情感塑造的认识，帮助孩子理解成年人的权利与义务，培养孩子懂得担当、不漠视他人的品质，从而获得学习的动力、克服困难的毅力、解决问题的能力，才是为人父母更为重要的工作。

父母在关注孩子学习的同时，也要帮助孩子理解成年人的权利与义务，增强孩子的"四要"意识：一要爱国，把"我是中国人"牢记于心，胸怀大志，培养家国情怀，为中华民族伟大复兴而努力；二要感恩，感恩父母的生养，感恩老师的教育，感恩学校的培养，感恩国家，感恩社会，感恩生活，并付诸实际行动；三要敬畏，成年人拥有更多追求自由的权利，但自由不等于放纵，做事要有所思、有所敬、有所循、有所畏、有所止；四要担当，高三的担当是积极迎战高考，让未来因今天的坚持和努力而不被辜负。激励孩子不负自己、不负未来，带着权利与义务乘风破浪，一往无前，这是父母关注孩子成长、帮助孩子成人的责任。

了解孩子

高三孩子得到父母的关爱往往甚于从前，导致孩子容易强调享受个人权利，淡化义务。有些孩子觉得父母对自己所做的一切都是理所当然的，不懂得感恩，也没有孝顺和赡养父母的想法与计划。他们容易片面地认为宪法规定公民享有人格权就只是强调个人享有的权利，对相应的义务则一无所知。

只给予“爱”，不给予“理”，只强调为人父母的义务而忽视培养孩子应承担相应义务的意识，是一种片面的家庭教育方式。能正确理解权利与义务的关系的孩子，心中有“纲”，有责任意识；不能正确理解权利与义务的关系的孩子，高中毕业后即使考入理想的大学，也有可能会遇到很多的问题。缺少“我的未来我负责”意识的孩子，在高考分数出来之前不主动了解与志愿填报相关的知识，没有对自己感兴趣的大学与专业进行深入的了解和比较，缺乏决策的能力和对未来的规划。在这种状态下，孩子在上大学后也有可能因为“无知”而不适应、不爱学、学不好，甚至退学。

所以，即使高三的孩子学业繁重，对其品行与责任心的培养也不能忽视。帮助孩子理解成年人的权利与义务，行使自己的权利，履行相应的义务，是我们家长的责任。要让孩子学法、懂法、用法，成为自觉奉献社会、主动服务他人的勇于担当者，成为不断认识自我、发展自我的严格自律者，成为尊重他人、悦纳自己的身心健康者，成为有感恩之心、懂得回报的有情有义者，成为具有学习力、思考力、行动力的能力全面的人。

实施指南

1. 帮助孩子明晰成年人的责任与权利

①请优秀的长辈给孩子讲述自己成长的故事，让孩子明白成年就是要由家庭中被保护的“孺子”转变为正式跨入社会的“大人”。要努力践行孝、悌、忠、信、礼、义、廉、耻等德行，做道德高尚之人。合法合规地行使自己的权利，承担好社会责任。

②我们要学习了解《中华人民共和国民法典》，可以把其中与孩子日常生活关联度较大的关于公民的权利与义务的条款打印出来，放在孩子的书桌旁，让孩子从熟悉文字内容到建立个人权利与义务的概念，理解和践行成年人的权利与义务。我们要帮助孩子树立对学校、对社会、对国家，特别是对自己的言行和人生高度负责的意识。

2. 帮助孩子成为“今天有分数，明天有素质”的人

①查找一些上大学和参加工作以后发展的成功与失败的孩子的案例，并与孩子进行分析，让孩子形成“好成绩不等于好未来”“考上好大学不等于就有好未来”的意识，明白除了学习，还应该充满热情地去运动、交友和拓展其他能力。

②学习或请教老师、专家，了解孩子的弱势和潜能，帮助孩子向好改变。例如，对身体瘦弱的孩子，可以坚持陪同锻炼；对性格内向不善言辞的孩子，可以鼓励其通过参加演讲训练来提升能力等。

③了解孩子对学习付出的精力与成绩是否成正比。平时多和学校、老师沟通，如果孩子学习很认真但成绩总是上不去，就需要深入了解原

因：如果是因为基础薄弱，就要通过巩固知识点来补上“短板”；如果是因为学习方法不对，就要与老师一起耐心地帮助孩子优化学习方法；如果是因为某一学科思维受限，就要多鼓励孩子开发其他学科的特长潜能，以提升学习自信心和拓宽升学渠道。

帮助孩子认识社会与竞争

案例分析

案例一　当朋友变成了对手

进入高三，班主任为了让同学之间形成互帮互助的学习共同体，在班级开展了学习小组活动。倩倩由于学习成绩好，被选为学习小组的组长。一开始，倩倩在小组学习活动中很积极，起了很好的带头作用，小组成员进步也很快。但同时，她也有些担心，因为在上次模拟考时，小组成员楚楚考了第二名，与她仅有2分之差，而且数学和英语都考得比她好。倩倩感觉同学们都在进步，只有自己停滞不前……在后续开展的小组学习活动中，陷入焦虑的倩倩不想再跟同学们分享学习经验，也不想再参与讨论；小组成员请教问题时，她也总是找借口不予解答，生怕其他同学超过自己。

高三的孩子身处激烈的学习竞争之中，承受的压力更甚于以往，像倩倩这样的案例并不少见。很多孩子往往只看到与其他同龄人之间的竞争和对立，而没有看到集体的力量，缺乏合作、共享的团队精神。他们对竞争没有形成正确的认识，还容易在竞争中迷失自己，当发现自己不如对手后就产生了挫败感，甚至出现强烈的自我否定和逃避心理。

案例二　学业不是事业的决定因素

小张的学习成绩一般，高考后进入了一所普通院校就读。大学毕业后，小张凭借自己的努力进入一家企业做人力资源工作。工作后的小张一改学生时代不上进的形象，勤勤恳恳地工作，得到了上司和同事的一致认可，晋升也很快，还被评为“公司十佳员工”，让高中老同学刮目相看。其实，小张在学生时期人缘就很好，不但沟通能力强，还特别愿意帮助别人。现在他在适合的岗位上工作，充分发挥出了自己的能力优势，工作自然做得出色。

我们从小张身上可以看到，成绩不是也不应该是人生的全部。我们所处的社会既是一个充满竞争的社会，也是一个开放包容的多元社会，有很多可以施展个人能力的平台。每个人身上都有自己的闪光点，总有能让自己发光发热的舞台。小张能找到适合自己的领域，发挥自己的能力优势，同样可以拥有精彩的人生。

了解孩子

作为国家选拔人才的重要考试，高考是全社会关注的焦点，体现了“分数面前人人平等”的竞争机制。当今社会处处充满竞争，且程度日趋激烈。社会竞争有时是显性的（如对学识和能力的考验），有时是隐性的（如对思想、道德、人格的考验）。有的孩子无法正确认识和面对竞争，过于追求提高分数而忽视了综合素质的“补给”，一味地认定只要考上好的大学就是拥有了幸福的人生；有的孩子不能辩证地看待竞争与合作、个人与社会的关系，成为“精致的利己主义者”……

不少孩子的生活环境比较舒适，对父母和老师的依赖性较强，缺乏独立面对困难的心态和能力。富足的物质条件也使不少孩子缺乏拼搏和奋斗的精神，不能正确地面对竞争和挫折，容易产生畏难和逃避的情绪。再加上孩子容易形成以自我为中心的性格特点，对团结合作认识不足，没有在竞争中形成合作共赢、共同成长的意识。

根据教育部公布的数据，2020 年和 2021 年，全国高考报名人数均已突破千万，2022 年更是再创新高，达到了 1193 万人。在高考制度下，孩子们面临的学习压力和竞争压力很大，往往会过于看重分数和成败，成绩一旦出现波动或者达不到自己预期就很容易焦虑，无法以理性和平静的心态正确认识竞争、应对竞争；同时，家长也容易因陷入“以分数论英雄”的误区而忽略培养孩子的其他能力和提高孩子的综合素质。

实施指南

高三孩子的年龄大多在十八岁左右。《中华人民共和国民法典》规定，十八周岁以上的自然人为成年人。成年人为完全民事行为能力人，可以独立实施民事法律行为。成年人不仅是生理上的成熟，更是社会、文化和法律上的成熟——这意味着成年人不仅拥有自立的人格，还要肩负法律责任、家庭责任和社会责任。我们要帮助孩子正确认识社会与竞争，让孩子做好迈向社会、适应社会的准备。

1. 帮助孩子树立竞争意识

当今的社会处处充满着竞争，这是每个人都必须面对的事实。竞争可以让人发挥出巨大的潜能，锻炼人的意志力，增强人的创造力，促进个人和社会的发展。我们可以收集相关案例与孩子分享，让孩子明白竞争的客观存在性，从而更积极地去面对竞争、参与竞争，在竞争中进步和成长；还可以与孩子一同分析他过去在竞争中的成功经验，肯定孩子的努力和能力，增强孩子竞争的动力和自信，鼓励孩子多参加有意义的比赛和活动。

2. 注重培养孩子的综合竞争能力

对于高三孩子而言，分数虽然在一定程度上可以反映学习和思维能力，但并不能代表一切，更不等同于全部竞争力。我们除了关注孩子的学习，还应该注重培养孩子的社会实践能力，在实践中认识社会，如带孩子做义工、去研学、参加科普活动等。此外，我们还可以从孩子自身的性格、兴趣爱好、特长和发展优势等方面入手，培养孩子更为完善的人格和能力，使其具备更强的竞争力。

3. 教会孩子辩证地看待竞争与合作

（1）在合作中竞争，在竞争中合作

合作与竞争是相辅相成的，孩子之间的竞争应以合作为前提。我们要让孩子明白，竞争是手段而不是目的，是体验的过程而非单纯的结果。竞争与协作并不矛盾，没有良好的协作精神和集体信念，单枪匹马的强者是很难成功的。优秀的竞争者往往是理想的合作者，在合作中竞争，在竞争中合作，才能达到双赢的效果。

我们要引导孩子注重和享受比赛的过程，可以带孩子参与体育竞技，也可以开展爬山比赛、美食大赛等活动，让孩子在直接体验或间接观察中享受竞争与合作的乐趣。

（2）要有规则意识

有的孩子以为竞争就是不择手段地战胜对方，以对方的失败为荣，比如为评上“三好学生”、优秀干部而采用不正当手段拉票，为取得老师的信任而攻击诽谤他人等。良性的竞争要求参与者必须遵守基本的规则和底线，这样才能体现公平公正的原则和竞争的价值。在竞争中理解并遵守规则，是一个人有素养的重要体现，切忌为了赢得竞争而不顾一切。

（3）要有拼搏的精神

竞争不是坐享其成，只有付出巨大的努力，才有可能实现自己的期望。因此，我们要教孩子学会在竞争中拼搏、奋斗、坚守，最大限度地

发挥自己的潜能，创造属于自己的人生和未来。

4. 引导孩子正确看待竞争结果

竞争总与胜败相伴，竞争的结果有可能达成所愿，也有可能事与愿违。与结果本身相比，更重要的是引导孩子正确地看待竞争的结果。

当孩子在努力付出后获得期待的结果时，我们要给予积极的表扬和鼓励，肯定孩子的付出，帮助孩子增强自信心。我们还要提醒孩子不要因为一次成功就自我满足，人生的道路需要扎扎实实地持续奋斗；及时与孩子一起总结成功的做法，积累经验，为下一次胜利继续努力。

在 2012 年伦敦奥运会上，有记者提问：“体育如何影响一代人？”一位奥组委官员这样回答：“体育教会孩子们如何在规则的约束下去赢，同时教会孩子们如何体面并且有尊严地输。”与漂亮地赢相比，体面并且有尊严地输同样可敬。当孩子在竞争中遭受失败或挫折时，我们要及时引导孩子端正心态，正确面对结果。

（1）关注和理解孩子，与孩子共情

这对于经历失败和挫折的孩子来说无疑是最大的温暖和安慰。

（2）与孩子一起分析失败的原因，总结经验教训，调整目标，寻找今后努力的方向

如果孩子不愿意当面沟通，也可以通过写信的方式与孩子交流。文字是表达和沟通的重要方式，孩子也许更愿意接受。

（3）引导孩子认识个体能力的差异

一个人不可能做到在任何方面都出类拔萃，在这方面不如别人，可能会在别的方面体现竞争优势，无须过于在意眼前暂时的得失。结合我们的人生经历或者通过孩子认可、崇拜的哥哥姐姐、好朋友的现身说法，会更容易使孩子接受。

（4）让孩子明白竞争的本质是超越自己的道理

与其总想着与别人一争高下，不如把别人当成标杆，不断激励自己，实现自我进步。我们要帮助孩子树立“努力做到最好”的信念，鼓励孩子在自己擅长的领域将能力发挥到极致。

成功固然值得庆祝，但失败也并不可耻。在拼尽全力后能尽享成功的喜悦，也能从容地面对失败，真心地祝贺对手，这才是竞争中应有的

风度。

延伸拓展

阅读推荐

› ›› 1.《每天演好一个情绪稳定的成年人》(著者：老杨的猫头鹰；出版单位：湖南文艺出版社)

本书通过27个有趣的小故事，让读者看清生活的真相，合理安放在教育孩子时的各种情绪，并引领家长指导孩子清醒、理性地面对和处理成长中的疑惑，领略快乐的人生。

› ›› 2.《培养孩子的竞争力——硬知识+软技能=未来社会的竞争力》(著者：[日]工藤勇一，译者：张楠、黄碧波；出版单位：中国妇女出版社)

作者总结多年教育经历与心得，围绕育儿的目的，用切合实际的教育理念和具体可行的教育方法，启发家长如何培养自律、独立、务实、具有未来社会竞争力的孩子。

评估改进

一、自我评估

测测你的家庭教育的方式和效果。

（1）你与孩子展望未来的生活，探讨社会与为人处世相关的话题。（ ）

A. 经常　　B. 偶尔　　C. 从不

（2）你与孩子一起制订学习计划或列出学习任务清单。（ ）

A. 经常　　B. 偶尔　　C. 从不

（3）你会跟孩子讲述自己在工作和生活中遇到的事，使孩子更加理解和爱护家人。（ ）

A. 经常　　B. 偶尔　　C. 从不

（4）你注重培养孩子的品德，细心了解孩子的三观，发现偏差时能及时与老师沟通。（ ）

A. 是的　　B. 偶尔　　C. 从不

（5）你重视对孩子学习以外其他能力的培养，如让孩子参加社会实践、职业体验、公益活动等。（ ）

A. 是的　　B. 偶尔　　C. 从不

（6）你能尊重孩子的决定，比如孩子对高考科目、高校和专业的选择。（ ）

A. 是的　　B. 偶尔　　C. 从不

（7）当孩子做一件事时，不论结果如何，他总是愿意和你分享。（ ）

A. 是的　　B. 偶尔　　C. 从不

（8）你常与孩子一起观看或参与体育竞技活动，并与孩子认真交流心得。（ ）

A. 是的　　B. 偶尔　　C. 从不

（9）你能理解和接纳孩子因学习或生活中遭遇挫折而伤心、失落的情绪，并愿意陪伴孩子一起度过这段时期。（　　）

A. 是的　　B. 偶尔　　C. 从不

（10）你重视培养孩子的责任心，会与孩子一起制订与生涯规划相关的提升计划。（　　）

A. 是的　　B. 偶尔　　C. 从不

【评估参考】

选择 A、B、C，依次得 3 分、2 分、1 分。

总分 25 ～ 30 分：你有正确的育儿观念与正确的施教方法，是优秀的家长。

总分 15 ～ 24 分：你在家庭教育能力方面存在一些不足，但通过学习可以很快纠正，有能力成为优秀的家长。

总分 15 分以下：你需要坚持长时间学习来改变自我，建议多回顾本专题的内容，加强反思与学习，履行助力孩子成长成才的责任。

二、改进计划

表 1.1　改进计划表

序号	我的收获	我的改进行动
例	我应该帮助孩子做到自律自觉，而不是对他（她）唠叨与埋怨。	1. 理解孩子的情绪，关注孩子的心理状态。如果孩子不愿意说，可以写信与孩子交流。 2. 和孩子一起制订几个学习小目标，鼓励他（她）在规定的时间内完成。 3. 与孩子一起制订一份可行的短期学习计划，并督促孩子落实。 4. 周末尽可能多陪伴孩子。“在家学”尽量做到三个固定：固定学习地点、固定学习时间、固定学习设备。

续表

序号	我的收获	我的改进行动
1		
2		
3		

第二专题　如何和孩子一起选择未来专业方向

高三是孩子漫漫人生之路上的关键转折点之一。作为家长，我们应该如何与孩子一起分析符合孩子实际情况的升学渠道，报考适合孩子的高校和专业？如何有效地指导孩子拟订填报志愿的最佳方案？

专题目标

1. 与孩子一起分析不同升学方式的区别，探讨符合孩子自身个性和需求的升学途径。

2. 了解高校信息、专业设置和就业前景，与孩子全面客观地分析如何选择院校和专业。

3. 与孩子一起商量填报志愿的方法和策略。

和孩子一起分析升学渠道

案例分析

案例　艺考之路该怎么走

小华平时喜欢画漫画，还曾在绘画比赛中获过奖，她的好几个好朋友都参加了艺术类专业的培训，准备通过参加艺术类专业招生考试的方式来实现大学梦。小华也有了这个念头，她向父母提出暂停高三文化课学习，先进行艺术培训，将来以艺考生的身份参加高考。小华的父母有点犹豫，也有点担心：孩子选择艺考的道路是否正确？参加艺术培训对她的文化课成绩影响大吗？如果先进行艺术培训，什么时候回学校复习备考合适呢？

学校会给高三的孩子提供升学指导，作为家长的我们也应该了解升学的相关政策，和孩子一起探讨分析升学的渠道，规划未来发展，将个人梦与中国梦结合起来。

通向未来的路有很多条，升学途径不是只有普通高考一种。我们应该根据孩子的特长与爱好，和孩子一起选择最适合的升学方式。

了解孩子

学校通常会开展一系列活动来帮助高三的孩子了解高考招生政策、不同的升学途径以及相关要求，如生涯规划指导讲座、已毕业学长的返校宣讲、高校教师进校宣传等；孩子也会通过与同伴和朋友交流了解高校和专业的信息，并结合自己的情况初步确定填报意向；我们家长也要尽早了解高考招生政策，提前和孩子一起确定升学优势，选择合适的升学渠道。

大多数孩子都会选择参加每年6月7—8日举行的普通高考。普通高考是最常规的升学道路，我们要对学校高三学年的安排与关键时间节点的事项有清晰的认识，真正发挥出家校共同体的教育合力。

下面以广西大部分学校高三学年的教育教学安排以及大部分孩子的实际情况为例，列举孩子整个高三学年的重要时间节点，以及这些时间节点上的注意事项，以助孩子升学一臂之力。

1.【6月】思想动员期

很多学校将上届高考结束时间（6月8日）作为下届高考生正式进入高三的时间，利用6月9日对准高三生进行思想动员和主题教育，从目标的确立、措施的落实和备考的要求等角度引导孩子，激发孩子的学习动能。作为家长，我们也应该提前做好准备，与孩子及时交流，与学校形成共识。

2.【7—8月】暑期加油期

高二升高三的暑期对孩子来说至关重要。不少孩子没有紧迫感，觉得距离高考的时间还长，对学习不上心，因此错过了黄金时期。那么，我们可以怎样辅助孩子呢？

（1）做好对高二期末考试总结，明确自我定位

这个分析的过程是家长与孩子共同自我剖析的过程，虽然艰难但有意义。我们要让孩子明确，自己擅长的和薄弱的学科是什么？每个学科

哪一部分学得好，哪一部分学得吃力？全面分析这些问题后，学习才能有的放矢。除此之外，我们还要与孩子一起思考在高三时分数还能提高多少，怎样提高，报考目标是哪些大学和专业，引导孩子充分准确地认识自我并设立好高考目标，制订合理的复习计划。

（2）提醒孩子注意合理分配时间，弥补弱势学科

每个孩子都有自己喜欢或者擅长的学科，不少孩子存在偏科的现象。我们一定要有所察觉，提醒孩子暑假尽量查缺补漏，不要等到高三后期才匆匆忙忙补救。

> >> 3.【9—10月】高三适应期

孩子的高三适应期大约为两个月。其间，学校主要的教育教学安排大致如下：

（1）开学摸底考

学校一般会在开学一周左右安排一次考试，以了解学生的学习水平。我们要提醒孩子认真对待开学考试，因为它不仅会影响老师和同学对自己的认知，会影响自己的学习自信心，更重要的是开学考试可以帮助自己了解真实的学习水平，从而针对性地制订学习策略。

（2）规律性月考

学校几乎每个月都会安排一次高三月考，月考是对孩子近一个月学习情况的检验。我们应该知道具体的月考时间安排，及时关注孩子的情绪变化，有针对性地与孩子交流；提醒孩子重视考后分析，调整复习方法；激励孩子通过小考来磨炼心态，以在大考时能镇定自如。

（3）特殊类型招生信息发布

例如，空军招收飞行学员的信息会提前公布，有意报考空军飞行学院的孩子可关注学校公布的报名通知；部分高校会发布艺术特长生、高水平运动员、保送生、强基计划等信息。如果孩子有这些方面的能力和特长，我们就更要密切关注此类信息，提前做好相应的报名准备。

> >> 4.【11—12月】高考报名时期

进入高考报名时期，我们要特别注意以下几个方面：

（1）高考报名时间

按照往年情况，高考网上报名时间在 11 月，考生报考科类分为文科、理科、艺术、体育等四种（新高考改革前），其中艺术类专业、体育类专业考生可以兼报文科或理科。学校会提醒考生报名，家长也要密切关注高考报名时考生加分政策的变化，在高考报名前把相应的手续办好。

（2）艺术类专业省级统考

当年的艺考政策会在这段时间出台，大部分省（区、市）开始艺术统考。考生要学会平衡术科和文化课的关系。

（3）高校冬令营招生简章

12 月起，各高校的冬令营招生简章会陆续发布，获得优秀营员的同学会在后期参加强基计划等具备一定的优势。

（4）体育类专业统考

12 月下旬，体育类专业考生要在网上确认专业考试信息、支付报名考试费、打印专业考试信息确认表等。

5.【次年 1—2 月】寒假调整期

在短暂的寒假里，孩子仍会处于紧张的学习阶段。我们要引导孩子适度运动，学会劳逸结合。在这个阶段，学校主要的教育教学活动和高考信息如下：

（1）特殊类招生简章公布

1 月份起，相关的高校将会陆续公布高水平艺术团、高水平运动队和保送生招生简章，考生可依据招生简章中的报名要求、报名时间等信息报考。

（2）艺术类专业省级统考成绩公布

艺术类专业省级统考成绩及合格线将在 1 月中上旬公布，艺考生要及时查询成绩。

（3）留意强基计划

想要报名强基计划的孩子，可以在寒假有意识地研究目标高校及目标专业相关情况，着手准备相关材料。

（4）高校招生工作通知发布

在此期间，教育部会发布普通高校招生工作通知，对当年的普通高校招生工作进行全面部署。

（5）高考体检

全国各地陆续开始进行高考体检，体检结果将直接影响考生志愿的填报。一些高校及专业对考生的体检结果是有要求的，万不可掉以轻心。孩子若在体检中发现身体指标有异常，在填报志愿时要避开限报专业。另外，还要提醒孩子注意安排好体检前的饮食和作息。

6.【3—4月】模考提升期

在此期间，各地市一般都会举行全市联考。

（1）强基计划招生简章公布

3月底前，试点高校发布年度强基计划招生简章。4月，符合报考条件的考生可在网上报名参加强基计划招生。

（2）“一模”和“二模”考试

3月和4月，学校将会进行高考“一模”和“二模”考试（通常为市级以上的联考），着重提高考生的综合能力、应变能力乃至应试承受能力。此时孩子已对自身能力有了初步预估，可以参考往年情况定位目标院校和专业，同时也要从模考中找出学习中的不足之处，抓紧时间弥补。

7.【5月】能力突破期

这一时期是孩子应考能力提升的关键时期。

（1）周考热身

距离高考前一个月是孩子学习能力提升的关键期，学校会通过周考的方式加强考生的应考能力，使考生保持最佳的应考状态。

（2）强化重点和高频考点的复习

在冲刺高考的最后一个月里，考生应该着重巩固基础，把复习过的内容重新过一遍，增强记忆。同时调整好身心状态，准备高考。

（3）高校招生章程公布

2022年高校招生章程于5月起陆续公布。招生章程是家长和孩子了解高校招生信息、招生办法的重要途径。我们务必仔细阅读孩子意向院校的招生章程，如有不明白的地方可咨询高校招生办。

8.【6 月】颗粒归仓期

三年努力，一朝拼搏。孩子在临近高考时要注意调整饮食和心理状态，放松心情迎接最后的挑战。考前两天，可以提前熟悉高考考场，制定出行路线，并准备好考试当天所用物品。

高考结束后，还有很多工作需要我们和孩子一起跟进：

（1）强基计划考核

时间一般在高考之后，大部分高校的考核时间比较集中，具体可以查阅相应高校的要求。

（2）高考成绩及省控线公布

依据往年情况，一般在 6 月 22 日后全国各省（区、市）陆续公布省控线以及成绩。

（3）公安类院校进行信息采集、面试、体测、体检

公安类院校信息采集一般在 6 月中旬进行，面试、体测、体检一般在 6 月下旬开始。

（4）军事院校进行政审、心理检测、面试、体测

报考军校的考生需要经过的政审、心理检测、面试、体测等考核一般都在 6 月进行。

（5）志愿填报工作

志愿填报时间比较短，不要等到高考分数公布后才开始了解相关政策和院校，一定要提前做好准备。

我国自 2010 年开始进行“分类考试、综合评价、多元录取”考试招生制度改革，高考除了普通高考、艺考等常见的升学途径，还有专项计划、免费师范生、免费医学生、少数民族预科等途径。（见图 2.1）

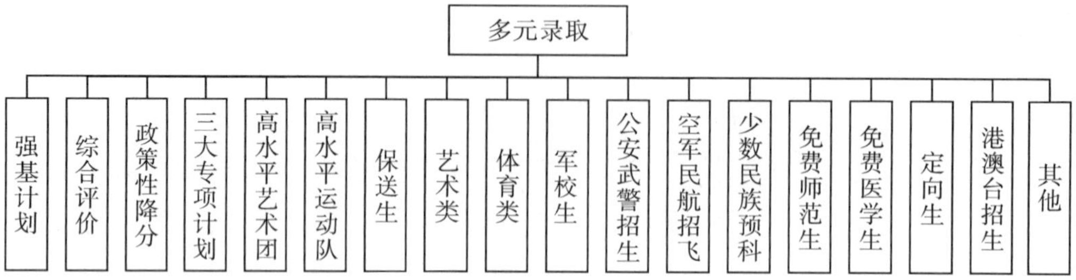

图 2.1 目前高考多元录取渠道举例

如果孩子基础学科拔尖、综合素质优秀，可以考虑参加强基计划。2020 年 1 月 13 日，《教育部关于在部分高校开展基础学科招生改革试点工作的意见》(也称“强基计划”) 印发，决定自 2020 年起，在部分高校开展基础学科招生改革试点，主要选拔有志于服务国家重大战略需求且综合素质优秀或基础学科拔尖的学生。强基计划突出基础学科的支撑引领作用，由有关高校结合自身办学特色，重点在数学、物理、化学、生物及历史、哲学、古文字学等相关专业招生。高考结束后，各省级招生考试机构向有关高校提供报名强基计划考生的高考成绩（不含高考加分)，高校依据考生的高考成绩，按在各省（区、市）强基计划招生名额的一定倍数确定参加高校考核的考生名单并公示入围标准。高校组织考核后，会将考生高考成绩、高校综合考核结果及综合素质评价情况等按比例合成考生综合成绩（其中高考成绩所占比例不得低于 85%)，根据考生填报志愿，按考生综合成绩由高到低进行录取并公示录取标准[①]。需要注意的是，强基计划中入围考生需参加高校组织的体育测试，测试结果作为录取的重要参考。强基计划招生程序见图 2.2。

① 教育部：《服务国家重大战略需求选拔培养基础学科拔尖创新人才：教育部高校学生司负责人就〈关于在部分高校开展基础学科招生改革试点工作的意见〉答记者问》，2020 年 1 月 15 日，http://www.moe.gov.cn/jyb_xwfb/s271/202001/t20200115_415580.html。

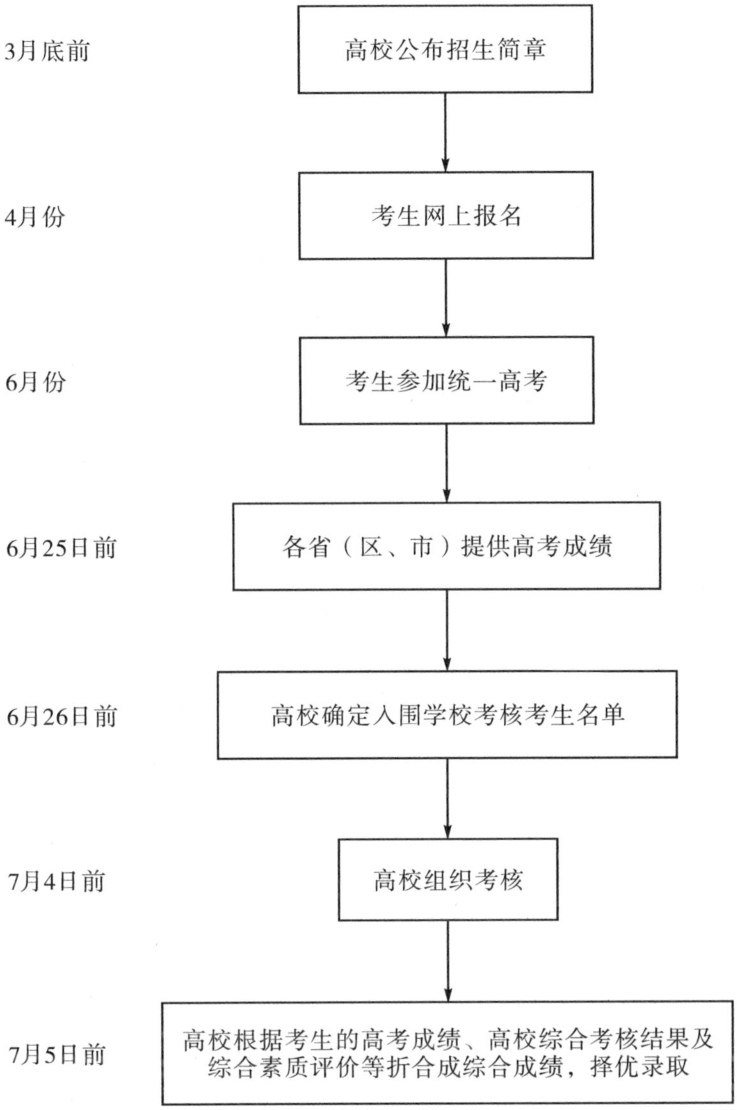

图 2.2　强基计划招生程序

对于其他升学渠道，我们还可以登录省级招生考试院官网了解更多相关信息。

实施指南

虽然升学渠道多样，但按分数录取的高考规则没有改变。我们应该给予孩子多一些陪伴与投入，多一些交流与分享。在孩子面对未来选择时，我们要重视以下工作：

> >> 1. 陪伴孩子跨越高考这座“大山”

在孩子的高三阶段，我们要更重视对孩子的陪伴，关注孩子心理变化，提醒孩子重视学习的质量，多与孩子探讨生涯规划，了解孩子是否掌握科学的学习方法和重视思维能力的训练，是否重视参与社会实践活动、形成个人的优势和特长等。这对处于高三阶段的孩子来说是综合素质和能力的体现，也是个人差异化发展的体现。

> >> 2. 教育和引导孩子要重点关注提高综合成绩

用恰当的方式提醒孩子，要注意提升听课质量，在注重“扬长”时，也要花费心力在弱势学科上，以实现综合成绩的整体提升。

> >> 3. 注意自身的角色变化

我们要由教育者变成陪伴者，由说理者变成倾听者，给予处于高三阶段的孩子有益的帮助。我们要关注孩子成长的过程，改变只关注考试结果的习惯，多从人生规划与未来发展的角度与孩子交流，多关注孩子的思维成长、格局拓展和品格修养。

> >> 4. 家长之间要协同联动，形成家校教育的共同体

我们可以通过学校设置的家长学校来整合社会资源，从不同行业中了解职业的特点，为孩子未来选择专业提供借鉴和依据。

5. 了解除普通高考以外的其他升学路径

若孩子提出要参加艺考，我们该如何与孩子分析交流呢？

首先，与孩子一起深入了解艺术类专业招生考试的现状。艺术类专业招生近年来呈现出火爆的发展势头，竞争十分激烈。统计数据显示，2002年初步开始"艺考热"，全国高考报名人数为510万，艺考报名人数为3.2万人，占比约为0.63%；2013年，全国高考报名人数为912万，艺考报名人数突破100万；2016年，"艺考热"回弹，艺考报名人数再次突破100万，全国本专科院校艺术类专业招生人数超过50万人；2020年，全国高考报名人数为1071万，艺考报名人数达117万，约占高考报名人数的10.92%。若孩子想以艺术类专业考生的身份报考，我们就要指导孩子了解相关情况，做好心理准备。

其次，与孩子一起探讨孩子自身的兴趣和优势，避免出现从众心理。案例中的小华喜欢画漫画，还发现自己的好几个好朋友都选择了艺考的道路，于是她开始思考自己是否也要参加艺考。家长此时就要做出理性的分析和判断，喜欢画漫画和获过奖与真正学习漫画这个专业、了解漫画这个行业，以及自身是否对此有天赋与优势并不完全等同。我们可以与孩子一起分析自身的优势和劣势、面临的机会与挑战，从而找到适合孩子的升学渠道。

另外，我们还要提醒孩子，高考对艺术类专业考生文化成绩的要求也在不断提高，选择参加艺考也并非易事，更无捷径。教育部印发的关于普通高校特殊类型招生工作的文件中，无不提及要切实提高艺术类专业的文化成绩要求。2021年，教育部明确要求各地严格规范做好普通高校部分特殊类型招生工作，提出"进一步提高相关考生的专项测试成绩和文化课成绩录取要求。实施高考综合改革及合并本科批次的省份，有关特殊类型招生录取文化课最低控制分数线不得低于改革前的相应要求"。

我们在与孩子研究升学的渠道时，要思考如何将孩子的综合素质转变为升学优势。我们要善于发现孩子在艺术方面的特质和潜力，与孩子商量是否参加艺考。当孩子决定艺考时，可以与孩子一起查询心仪的目标院校近几年的招生情况，明确目标院校对艺考生的录取条件；同时也要考虑家庭的经济条件，评估参加艺考所带来的成本等问题。

总之，在孩子进入高三后，我们要密切关注国家高校招生制度和高考政策的变化，与孩子共同分析自身的优势潜能和学习能力，思考和规划孩子未来发展的路径。

不同孩子的升学渠道各不相同，国家的招考政策也会有变化。我们要鼓励孩子不断提高学习能力，尤其要重视思维能力的训练和提升，关注个人的需要、社会发展的需要、国家未来发展的需要，真正将个人的发展与国家的发展统一起来，实现个人价值与社会价值的统一。

适合孩子的院校和专业选择

案例分析

案例　专业选择须谨慎

小涛高考体检时被查出有色弱的问题，但他在填报高考志愿时没有考虑自身情况，而是随意报了一个专业，导致被高校退档。之后征集志愿时，他任性地非要去某所大学读，结果录取的专业是他不喜欢的。入学以后，小涛学得非常辛苦，导致专业成绩多科不及格，最终被学校劝退。

我们要提醒孩子注意，选报专业要考虑该专业招录有无身体条件限制。专业的选择与孩子未来几年的学习生活，甚至与职业生涯都密切相关，绝不能掉以轻心。我们要和孩子提前认真研究高校专业的设置，将孩子的兴趣和学力发展需求统一起来。

了解孩子

“以后要从事什么工作”是每个高三孩子都必须面对和考虑的现实问题，反映到志愿填报就是选择什么大学和专业。有的孩子目标明确，有的孩子犹豫不决，也有的孩子不知所措。在院校专业选择的问题上，大多数孩子会听取家长的意见和建议。我们不能只根据孩子的高考成绩来选择大学，还要重视选择适合孩子的专业。

家长和孩子对院校和专业的认知普遍存在以下情况：一是关心院校所在城市的发展前景，不太关心院校专业设置对孩子未来生活的影响；二是对专业设置只了解大类，对专业方向细分不明确；三是对专业的了解不系统，如专业对高考录取有什么限制条件、专业设置哪些课程、专业在社会分工中有什么用途等，导致面对高校设置的若干名称相似的专业时，很多家长和孩子都不知道如何进行专业填报。

2024 年起，广西统一高考招生录取志愿设置将主要采用“院校 + 专业组”的组合方式，实行平行志愿投档录取（部分特殊类型招生除外）。“院校 + 专业组”指的是普通高等学校对考生选择性考试科目要求相同的专业（专业类）组合。一所院校可设置一个或多个专业组，每个专业组内可包含数量不等的专业（专业类），同一专业组内各专业（专业类）对考生的选考科目要求相同。

普通高等学校依据统一高考考生总分，参考普通高中学生综合素质评价结果，以“院校 + 专业组”为一个招生单位，按照物理、历史两个类别，分列招生计划、分开划线、分开投档录取。这样的录取方式的优点在于：①提高考生志愿满意度。考生根据自己所选的选择性考试科目填报相应的专业组志愿（专业组内可能是一个专业，也可能是多个专业），按专业组投档后，符合条件的可在该专业组内进行专业调剂，提升了个人志向与最终所录专业的契合度，真正做到“学其所好、录其所长”。②形成理想的招录结果。高校根据专业人才培养对学生学科专业基础的要求以及学校自身办学的需要，设置选择性考试科目要求。按“院校 + 专业组”投档录取，提高考生选考科目与普通高等学校招生专业选考要求的匹配度，使高校招录到有相应学科兴趣和特长的考生，有利于进校后的人才培养和学校自身发展。③引领基础教育健康发展。普通高中因此更加关注学生学习过程中的兴趣特长和专业志向，更多关注学生的综合素质发展。

实施指南

专业学什么？今后就业的方向怎样？作为家长，我们不要把这些问题全部扔给接触社会尚少的孩子，而要通过各种渠道去了解高校设置专业的相关信息，尽量给孩子提供全面的参考。

1. 指导孩子了解高校专业和职业的关联

（1）和孩子一起参加学校组织的各类讲座，阅读关于高校和专业的书籍

为了满足考生和家长的需求以及招生录取机制改革的需要，不少高校纷纷探索专业介绍的新方式，比如长安大学、西北农林科技大学、电子科技大学等高校纷纷推出诸如“教授讲专业”“院长专家谈专业”“专业魅力谈”等专业解读类专题讲座，使孩子和家长能更清晰地了解专业的内涵，从而做出理性的专业选择。一些大学生还会回高中母校参与分享交流，这也是孩子了解高校专业的有效途径。

（2）通过咨询亲朋好友、网络查询等不同方式了解高校专业信息

有些专业的行业相关性很强，选择了这个专业就基本等同于选择了这个行业，比如医学、药学、航空航天等；有些专业的应用性很强，选择了这个专业也就大致明确了就业的方向，如土木工程、通信工程等。我们可以与孩子一起向从事这些行业的专业人士请教，引导孩子阅读名人大家的人生传记，多关注一些各行各业的新鲜事等。

（3）推荐孩子进行霍兰德职业测评，多方位分析性格

专业的分析能够让我们更方便直观地认识到孩子自身的优点和缺点，帮助孩子找到适合自身的专业。

2. 参照高校每年的招生指南

结合孩子平时和模拟考的成绩，和孩子一起研究当年的招生指南等权威文件，商量、初筛孩子能力所及的批次和专业，也可以根据孩子的兴趣和自身条件选择报考师范生培养计划、定向培养计划等。

另外，还要了解不同专业的报考限制条件。例如，《普通高等学校招生体检工作指导意见》中提到，轻度色觉异常（俗称“色弱”），不能录取的专业有以颜色波长作为严格技术标准的化学类、化工与制药类、药学类、生物科学类、公安技术类、地质学类各专业以及医学类各专业等。我们一定要与孩子仔细认真研究高校录取机制，避免因录取条件不符合要求而被退档。

3. 了解大类与专业的关系

近年来，不少高校陆续实行按大类招生，这种招生方式在一定程度上降低了考生选择专业的盲目性。新生进校后需要先完成一年或两年的基础知识学习，对专业有了深入的了解后，再综合自身的兴趣特长、学习成绩等因素选择细分专业。例如，重庆大学按数学类招生的细分专业有数学系、信息与计算科学系、统计与精算学系等。当然，不同高校招生大类虽然相同，但所设置的细分专业可能有较大差异，我们和孩子在填报之前要进行综合对比再选择合适的专业。

4. 及时了解志愿填报要求

在指导孩子填报志愿时，我们可以和孩子一起查询各高校各专业当年度的计划招生人数。招生办对高考成绩达到填报高校的投档分数线的考生进行投档后，考生就进入该高校各个专业的录取环节。如果该高校某个专业的专业志愿人数超过计划招生人数，部分考生就无法被所填报专业录取；如果某考生的所有专业志愿（通常每个学校可以填报最多6个专业志愿）全部面临这种情况，该考生可以通过“服从

专业调剂”的方式，调剂到该高校的其他符合条件的专业就读。“服从专业调剂”真正发挥作用的条件相对比较严格：考生所填写的专业志愿全部落空而又特别心仪该高校，愿意进入该校其他专业学习，但考生可能更关注的问题是“自己通过专业调剂可能进入哪些专业就读”。这就需要综合考虑两方面因素：一是该高校本年度在本省（区、市）的计划招生专业范围。服从专业调剂，考生只可能进入计划招生专业范围内未填报且未录满的其他专业，不会进入非计划招生专业。二是该高校计划招生专业涉及的文理分科要求（针对相关地区）或选考科目要求（针对相关地区）。以山西省为例，文科考生不会通过调剂进入未录满的理科专业；以北京市为例，考生只能通过调剂进入同一专业组（由选考科目要求相同的一个或多个专业组成）内的其他未录满专业。以上思考方向对于高考综合改革后仍然具有参考意义。

了解以上内容后，孩子可根据自身情况决定是否服从专业调剂。心仪某高校又对不同专业的接受度较高的考生，比较适合选择“服从专业调剂”。这样在高考成绩达到所报考高校的投档分数线后，被该高校录取的概率较高。如果考生对特定专业的意向很强，不愿进入非心仪专业，可以选择“不服从专业调剂”，在高考成绩达到该高校所填报专业的录取分数线后即可被该高校的专业录取；但如果高考成绩达到所报考高校的投档线而未达到所填报专业的录取线，则有可能面临着无法被该高校录取的风险。因此，考生在做出“不服从专业调剂”的决定前，应慎之又慎。

我们与孩子一起探讨院校专业选择时，应该站在长远的角度，立足于国家发展战略来思考孩子未来的专业选择方向。比如，国家提出“一带一路”倡议和《中国制造 2025》行动纲领，我们可以结合孩子自身情况，考虑报考与国家政策支持的行业方向密切相关的领域及专业，如新一代信息通信技术产业、高档数控机床和机器人、航空航天装备、海洋工程装备及高技术船舶、轨道交通装备、节能和新能源汽车、电力装备、新材料、生物医药及高性能医疗、农业机械装备等。当专业选择融入国家的发展战略中时，孩子未来的发展道路也将越来越宽阔。

志愿填报有策略

孩子在高考志愿填报前、志愿填报过程中和志愿填报后都有可能会遇到一些问题和困难。比如，某批次被退档后会不会影响下一批次的录取，什么情况下可以填写“不服从专业调剂”，平行志愿有哪些风险，什么是征集志愿，填报志愿时应该注意什么，等等。在没有做好充分准备的时候，可能会手忙脚乱。

要给孩子填报志愿做有效的参考，就要先了解孩子的升学意愿。（见图 2.3）

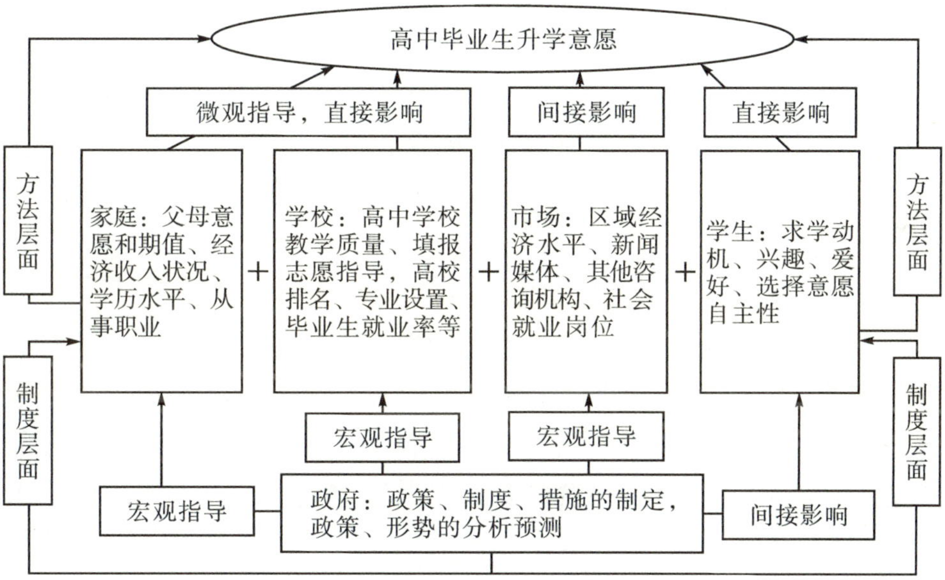

图 2.3 高中毕业生升学意愿[①]

① 罗汝珍、唐小艳、孟子博：《高中毕业生升学意愿的导向机制》，《现代教育管理》2011 年第 1 期第 28-31 页。

案例分析

案例 志愿填报，不应让孩子孤军奋战

小蔡的父母平时忙于工作，直到孩子的高考成绩公布前夕都不清楚高考志愿填报是怎么回事。他们对孩子说得最多的就是“高考是你自己的事情，报志愿的事自己拿主意就可以了”“我们只能保障你的生活，你碰到什么问题要主动找老师帮忙，我们也没时间管这些”之类的话。

家长在孩子高中尤其是高三时期，不仅要做好“后勤部部长”，更要成为孩子的“战略参谋”。学会选择，特别是在人生成长的关键时期做出重大选择，是我们要给孩子上的必修课。

了解孩子

一些孩子擅于独立思考，对志愿的填报有主见。但不少孩子对社会的现状和职业的发展缺乏足够的了解，对自己未来的发展还处于懵懂和困惑的状态，持有“成绩，我已经考出来了，接下来填报志愿就是父母的事情了”或者“我的意愿就是要去那所大学读书，去不去得成看天命吧”的想法。这类孩子对于填报志愿的重要性认识不到位，在高考报考之前无法确定人生目标，也没有思考过职业和学业的关系，如“是否考虑读研”“是否有出国留学的打算”“未来是选择专业型职业还是能力型职业”“自己所学专业与未来行业选择有什么关系”“打算毕业后在什么地区发展”等。

而不少家长也存在这样的误区，认为在孩子高考前最重要的是关注孩子的成绩，高考志愿的选择是高考以后才需要考虑的事情。

以广西2021年高考志愿填报的时间安排和志愿批次设置为例。2021年6月24日至7月2日，广西壮族自治区招生考试院开放志愿填报系统，考生陆续填报志愿。招生录取共设置10个批次，其中本科为8个：本科提前批、专项计划批、特殊类型招生批、本科第一批、本科第一批预科批、本科第二批、本科第二批预科A类、本科第二批预科B类。本科提前批、高职高专提前批志愿填报时间为6月24日10：00至6月28日10：00，其他批次志愿填报时间为6月28日15：00至7月2日10：00。由此可见，给家长与孩子做出重大选择的时间非常短暂。如果家长和孩子在此之前没有做足功课，在填报志愿时就有可能手忙脚乱，甚至因此而留下遗憾。

实施指南

在高考成绩公布前，我们可以通过以下方式来帮助孩子提前做好高考志愿填报的准备工作。

①关注和了解高考志愿填报的官方信息，如教育部网站、“阳光高考”网站、各地区招生考试院的官方App等。

②与孩子充分沟通，了解孩子的需求，可以询问孩子对未来就读学校的设想、考虑从事什么样的行业、在高考志愿填报上需要为孩子做些什么等。

③向身边近几年家有考生的亲戚朋友、学校老师、单位同事等咨询高校招生情况（如高校的专业设置、录取人数、录取分数、条件要求等），提前与孩子锁定报考地区和院校。

全家行动报志愿

晓冬的家庭氛围比较民主宽松，父母经常与孩子探讨关于人生规划和未来志愿选择的问题。在高考成绩出来之前，父母已经做好了为晓冬填报志愿做参谋的准备，力争在高考成绩公布后做到让孩子考得的每一分都发挥出最大的作用。最终晓冬如愿被心仪的大学录取。

我们都希望孩子的志愿能“一报即中”。晓冬父母的做法可能会对我们有所启发：

首先，家长要主动了解和学习高考招生政策和填报志愿策略。晓冬父母平时积极与孩子沟通，了解孩子的学习水平，并综合评估孩子模拟考的成绩可以保持在一本线上 30 ～ 50 分，且孩子希望到大城市发展，于是父母与孩子确定了“先地区，再学校，后专业”的志愿填报思路。最终，晓冬锁定了上海的高校，并进行了档次划分[①]：

①一档：上海交通大学、复旦大学。

②二档：同济大学、华东师范大学、上海财经大学、上海外国语大学。

③三档：上海大学、东华大学、华东政法大学。

④四档：上海师范大学、上海理工大学、上海海事大学、上海中医药大学、上海立信会计金融学院。

其次，分别统计这四档高校在当地近 3 ～ 5 年的高考录取分数线，分析这些院校在当地招生录取出现的“大小年”现象。若晓冬在高考中发挥出正常水平，分数在目标高校（专业）的最高分和最低分之间，而且愿意服从专业调剂，那么对高校的选择就做到了心中有数。

最后，确定了报考的目标高校后，晓冬和父母就开始仔细阅读大学的招生章程，仔细比对高考预估的分数能否达标出档，还搜索了这些大学在当地是否有相关的优惠政策（如所报读大学的民族加分条件等），并与孩子一起研究目标大学专业开设的课程、学习的内容、研究生的方向和就业前景。

高考的志愿填报工作也是一门学问，我们要始终坚持抱着学习的态度，提前了解高考填报志愿的不同类型（如什么是平行志愿、顺序志愿、单志愿、分数级差等），提前熟悉不同的录取批次填报的时间，督

① 参考 2021 年普通高考录取数据划分。

促孩子规划好志愿填报的时间进度。可以在招生考试院网站上下载上一年的高考志愿填报草表进行模拟填报，注意仔细核对学校代号和专业代号。在模拟填报时，要注意以下细节：

①多打印几张草表，便于设计多个填报方案。

②认真仔细地研读注意事项，读透志愿填报的具体要求。A. 考生志愿均在互联网上填报，如因网络原因不能正常填报志愿的，要及时与报名地招生办联系。B. 填报志愿时，考生每次登录后志愿填报时间为 15 分钟，超时未提交保存的志愿数据将会丢失。为保证填报效率，可以提前下载志愿填报草表并打印，在草表上预填后再登录网站进行志愿填报。C. 考生志愿锁定后，即使考生的密码丢失或被他人窃取，其他人也不能更改该考生的志愿，因此及时进行志愿锁定是考生保护自身志愿信息安全的有效方式。D. 在志愿落实后尽早填报，避开临近志愿填报截止时间时的网络繁忙期。E. 招生录取期间，如有计划勘误、志愿填报方式及工作程序的变更等与考生志愿填报直接相关的内容及其他需要向考生公布的信息，均会在志愿填报的登录界面或登录成功后的界面予以说明，考生务必注意及时了解。其他与招生工作有关并且需要公开的内容也会在当地招生考试院网站相应栏目公布。F. 单志愿草表适用于本科提前批的空军招飞类、艺本一批、艺本三批和其他类，特殊类型招生批，高职高专提前批的定向类、其他类等实行单志愿的批次。顺序志愿草表适用于本科对口中职自主招生、高职院校单独招生、高职对口中职自主招生、本科第二批预科 A 类等实行顺序志愿的批次。平行志愿草表适用于本科提前批的艺本二批、体育类，专项计划批，本科第一批，本科第一批预科，本科第二批，本科第二批预科 B 类，高职高专提前批的艺术类、体育类，高职高专普通批等实行平行志愿的批次。G. 对于本科第二批预科 A 类，最多填写顺序志愿草表的第一、第二志愿栏；对于本科对口中职自主招生批、高职院校单独招生批、高职对口中职自主招生批，最多填写顺序志愿草表的第一、第二、第三、第四志愿栏。如草表内容与有关正式公布的政策文件有出入的，以正式政策文件为准[①]。

③保存好底稿，在核对时要一一比对，做到万无一失。

---

① 资料源自《广西 2022 年普通高校招生志愿填报草表》。

④上网填报志愿，首先要修改自己的填报密码，不要将密码告诉他人；其次每次填报后注意保存，不要随意退出填报界面。如果志愿填报的内容不是最终的结果，又没到填报志愿的截止时间，不要轻易锁定志愿填报系统，否则无法再进行任何修改。

报志愿后还须随时关注

小方的父母在与孩子商量高考志愿填报事宜后，在规定的时间内完成了志愿的填报。这时他们以为志愿的填报任务已经结束，没有再主动关注录取进度，最后孩子竟然被心仪的大学退了档。

对于这种情况，我们应该怎么避免呢？

孩子填报完志愿，并不意味着就万事大吉了。在志愿填报的过程中，会出现很多考生填报同一所院校和同一专业的情况。填报专业志愿的不均衡，会导致有的专业招生人数不满，有的专业则过于抢手。这时高校会考虑将志愿专业落选的考生调剂到招生不满的专业，于是在填报志愿中设计了“是否服从专业调剂”栏，以了解考生意愿。当所报专业都无法录取时，高校就会考虑考生是否服从专业调剂。如果选择“服从专业调剂”，意味着该院校在本省（区、市）该批招生的任何专业（该校未投放计划的专业除外）都有可能录取该考生；当所有专业都已录满时，则退档。如果选择“不服从专业调剂”，那么当所报专业都无法录取时，则直接退档。这时，家长和孩子就要密切关注孩子所报批次在当地的录取时间，及时查询孩子的档案状态，一旦发生被退档的情况，就要做好进入征集志愿环节的准备。

延伸拓展

阅读推荐

》》 1.《高中生涯发展指导　高三年级》(主编：侯志瑾；出版单位：北京师范大学出版社)

本书分为“自我探索”“行业职业探索”“学业发展”“个人素养培养”四大模块，主要包含备战高考、志愿决策、终身发展等内容；同时整理了历年高考分数线、志愿填报模拟表、投档规则等相关信息作为报考参照。

》》 2.《高考心理辅导》(主编：郑晓边；出版单位：安徽人民出版社)

本书面向即将高考的孩子，从考试心态、学习方法、生活调适、自我成长、人际交往、挫折应对、生涯规划和家庭环境等方面进行辅导。语言文字流畅，分析深入，具有科学性、趣味性和可操作性，是一本适合高考孩子和广大考生家长的实用心理辅导读物。

》》 3.《教授带你“逛”专业》(修订版)(组编：浙江大学本科生院；出版单位：浙江大学出版社)

本书突破传统的专业介绍方式，展示了浙江大学广阔的学科专业空间，从学生的视角提供直观易懂的参考意见和建议，讲述了“身在专业”的名师大家和学生的生动经历，使读者能够快速了解不同的专业。

评估改进

一、自我评估

测测你对孩子将来升学情况的了解程度。

（1）你对高考升学的渠道有哪些了解？

（2）你是否关注孩子的学习过程，而不只是关注学习成绩？

（3）如果孩子想选择单招，你会给孩子什么意见？

（4）如果孩子想选择艺考作为升学渠道，而家庭条件又不允许，该如何与孩子协商？

（5）你是否想过如何有效地提升陪伴高三孩子应考生活的质量？

（6）你是否经常参与学校组织的家长活动？

（7）你是否与孩子交流过升学的事宜？是否主动与其他家长探讨关于孩子升学的话题？

（8）你是否知道孩子的体检结果与专业选择之间的关联？

（9）你是否清楚专业与职业之间的关系？

（10）你是否与孩子聊过如何进行专业选择？是否清楚孩子想选择的专业有哪些？

（11）你是否关注国家教育改革的相关信息？

（12）你是否主动了解过高校的专业设置？

（13）你是否整合过自己的社会资源，让孩子了解不同职业的专业要求？

（14）在孩子填报志愿之前，你做了哪些准备？是否与孩子做过深入的探讨？

（15）当孩子填报志愿时，如果在地区的选择和是否服从专业调剂的问题上与你的意见相左，你将怎么处理？

（16）你是否与孩子一起分析过在省（区、市）外就读大学的利弊？

【评估参考】

对于以上问题，如果你了解得越仔细，能答出的越多，越能说明你对孩子将来的升学渠道做的功课越足，也就越具备指导孩子选择适合他（她）的升学渠道的能力。反之，则需要多花心思补足这方面的知识，从而助孩子一臂之力。

二、改进计划

表 2.1 改进计划表

序号	我的收获	我的改进行动
例	高三的孩子面临着人生的重大转折点——升学。我应该多与孩子交流，一起研究适合孩子的升学渠道。	1. 多方了解高考升学的不同渠道，做好笔记，给孩子提供参考。 2. 主动咨询其他家长、朋友或通过高校网站了解适合孩子的专业，并结合孩子的兴趣和特长，多与孩子沟通，倾听孩子的想法。

第三专题 如何和孩子一起冲刺高考

不少高三的孩子容易出现状态低迷、成绩倒退的现象。有些孩子在考试成绩不如意时，就质疑和否定自己的能力和努力，进而失去学习动力；有些孩子将某一科成绩不好归因为老师不好，进而对该科产生厌恶情绪；有些孩子在人际交往出现问题时归因为他人的针对，从而封闭自我，拒绝交流；有些孩子在考试时无法集中注意力，遇到难题后容易方寸大乱；有些孩子在考前十分焦虑，出现失眠、脾气暴躁等问题……

当孩子出现类似情况时，我们如何指导孩子运用切实有效的方法来解决问题？

孩子在备战高考的过程中，总会遇到各种各样的问题。我们要理解孩子，做好陪伴和后勤工作。

专题目标

1. 了解孩子在高强度的学习后产生止步不前、效率下降的原因，引导孩子优化复习策略。

2. 通过有效的亲子沟通，帮助孩子形成正确积极的原因分析和调整方式，并教会孩子调整心态，增强自信心和学习动机。

3. 帮助孩子形成正确的考试观，合理看待孩子成绩的起伏，配合老师培养孩子制订科学的应试策略的能力。

帮助孩子优化复习策略，克服“高原现象”

案例分析

案例 小涵的来信

“距高考还有三个多月，我一想到高考将近，就不由得紧张起来，无法专心学习。这段时间，我感觉自己做题的速度明显变慢了，在第一次市里模拟考时成绩下降了很多。我很不解，明明自己已经很努力地学习了，进入高三后更是几乎把所有的时间都用在了学习上。我常常感到身心疲惫，像只无头苍蝇，找不着方向，总是患得患失；睡眠质量也没有以前好了，在重要的考试前夜还经常失眠，心情很烦躁，却不知道怎么宣泄。越着急就考得越差，考得越差就越着急，不停地循环。

“我在这次考试中连擅长的科目都没有考好，想去找老师分析试卷，又怕老师责怪，所以迟迟没敢去。计划表里要做的事情还有很多，不知道该从哪件事开始。

“周末回到家时，看到妈妈精心准备的饭菜，我就感觉很愧疚。但吃饭时，一被父母问起近期学习和考试的情况，我就觉得很烦躁，不知道该怎么回答。有时我会后悔高一、高二时没有好好学习，所以现在才会这么吃力；有时我会想为什么身边同学的复习状态都那么好，而我却止步不前。晚自习和随堂测试时，我都会不时感到莫名的焦虑，常常分心走神。我该怎么办？”

经过高三头几个月高强度的复习备考后，有些孩子开始因成绩止步不前而情绪低落，做题效率下降，缺乏学习干劲。这种心理和生理都出现了疲劳的现象，在心理学上被称为“高原现象”。

心理学研究表明，个体在复杂技能形成的过程中，当练习进行到一定程度时，会出现成绩暂时停滞不前甚至不升反降的现象。在成绩曲线上表现为在急速上升后，有一段处于非常平稳的线段，这条线段所处时期就是“高原期”。（见图 3.1）

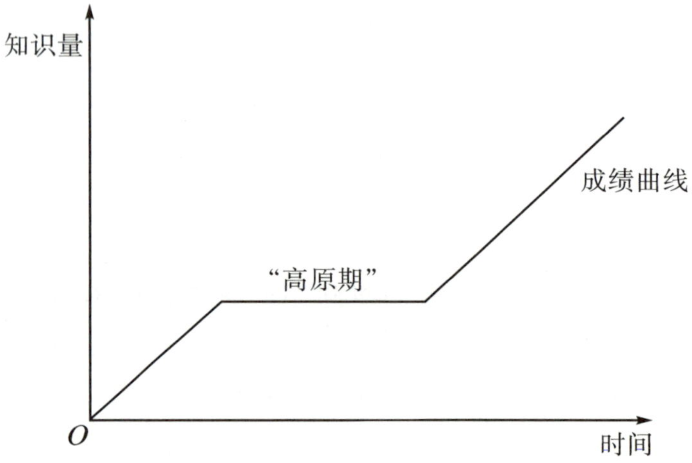

图 3.1 “高原期”示意图

孩子的学习基础、学习方法和学习心态的不同，由此而产生“高原现象”的原因也各不相同。案例中的小涵在模拟考中的成绩大幅下滑，她的心情也因模拟考成绩的不理想而出现了较大的波动，导致身心俱疲，这是在学习中非常典型的“高原现象”。那么，我们应该如何帮助和引导孩子调整心态和方法，平稳度过“高原期”呢？

了解孩子

孩子遭遇“高原现象”时，家长通常都很着急，想帮孩子尽快摆脱这种状态。但这份焦虑和不安会传递给孩子，使孩子更加紧张，产生更重的思想包袱。我们首先要明白，孩子在学习过程中出现“高原现象”是正常的，适度但不过于紧张，才能冷静地跟孩子一起寻找解决问题的方法。

产生“高原现象”的孩子会因学习进步缓慢、停滞不前甚至成绩下降等情况而日渐焦虑，情绪低落甚至自我否定，将遇到困境简单归因为自己的能力弱、运气差等因素。他们往往身心疲惫，因大脑的保护性抑制而导致认知胶着、学习效率下降。如果不能得到正确的干预和引导，孩子就有可能陷入学习的恶性循环中，不利于平复心态和积极备考。

1—5 月是高三孩子“高原现象”的高发期，这个时期有可能持续几个小时或几天，也有可能持续数周甚至更久。当找到原因并采取有效策略后，孩子是能够顺利克服“高原现象”的，此时的孩子也会在突破自我的过程中更好地磨炼心智，从容面对后续的学习和困难。

实施指南

为了帮助孩子尽快克服“高原现象”，我们要积极正确地进行干预，可以从以下几个方面入手：

1. 选择合适的谈话场合、时机与方式，与孩子沟通学习情况

孩子学习情况不理想，许多家长会急于给孩子提建议，但往往事与愿违，不但没能帮助孩子调整状态，反而让孩子产生抵触心理。

首先，我们在跟孩子谈话前要确定主题，是希望帮助孩子保持学习的动力，是帮助孩子发现学习上的漏洞，是帮助孩子减压调整心态，还是帮助孩子更好地面对挫折，等等。和孩子谈话的表达方式将决定孩子是否愿意对我们敞开心扉。让孩子感受到自己被父母支持和接纳，我们可以这样说：“你看上去有些沮丧，是不是学习上在哪个地方卡住了？”“你今天好像有点不开心，妈妈相信你有能力自己处理和消化。

如果你想聊聊，可以随时来找我。”其次，我们要帮助孩子建立信心，以更好地面对往后的学习。可以这样告诉孩子：“这次虽然语文没考好，但是数学成绩不错，爸爸妈妈对你有信心，别放弃。”最后，教会孩子对自己负责。谈话过程中应避免过多的批评和建议，要多倾听孩子的真实想法。比如孩子抱怨“学习好累”时，我们可以回应“爸爸妈妈能感受到你这段时间的辛苦”，通过合理引导来帮助孩子思考负面情绪产生的原因。

安定、包容的家庭氛围会反映在孩子的备考状态上。在与孩子共处时，我们应尽量避免只询问成绩，要更多地关心孩子的校园生活。聊天以倾听为主，根据孩子的谈话内容给予适度的回应和建议。例如，跟住校的孩子聊聊这星期校园的活动，最近伙食和休息怎么样，发生了什么有趣的事情等，让孩子暂时从繁重的课业学习中脱离出来，感受轻松温暖的家庭氛围，这对孩子保持良好的心境和情感状态起着非常重要的作用。倾诉能让孩子在遇到问题时得到缓冲和发泄，有利于缓解孩子的疲劳。

2. 不过分紧张，保持平常心

家长都对子女有着殷切的期望，希望孩子能够在高考中金榜题名。这是人之常情，但过高的期望也容易使家长出现比孩子更紧张、更焦虑的情况。许多家长在孩子备考期间对孩子的一举一动过度关注。比如，看到孩子回家后很疲惫、说话比平时少、写作业时走神了、因考试失利而心情低落、偶尔一次失眠、跟同学间的小摩擦等就感到特别紧张，放大影响，甚至不能控制自己的情绪。这样的心态通常表现为唠叨、叮嘱同一件事或反复指出孩子过去的错误和不足之处。当孩子倾诉时，迫切地希望他尽快恢复状态，告诉孩子不要多想，只要努力学习就好——这样的沟通方式往往容易成为亲子争执的导火线。孩子单纯想倾吐心中不快或者遇到困难需要安抚和鼓励时，反而被父母的紧张和焦虑感染，不但对平复心情毫无帮助，反而更添焦虑和烦躁，更难以轻松平和的心态来调整和应对备考中的困难。

我们要把对孩子的期望值设定在合理的水平，既不能告诉孩子“无论你考得怎样都没关系”（这样容易让孩子觉得自己果然不行，所以父母才会对自己没有期待），也不能因期待过高而不停地提醒孩子，增加孩子的压力。合理的期待应该是孩子通过阶段性的努力可以达到的，是基于对孩子整体了解后的定位。同时，要让孩子能够在实现目标后得到积极的反馈，比如孩子取得进步后，肯定孩子的努力，表扬孩子“你这段时间找到了适合自己的方法，学习很有干劲，爸爸妈妈觉得你非常棒”。保护孩子的学习动机和自我认同，减少孩子因失利而产生的挫败感，将更有利于孩子克服“高原现象”，顺利度过“高原期”。

3. 家校沟通，及时了解孩子的变化

我们要积极与老师保持联系，掌握孩子在学校的情况，也要及时向老师反馈孩子遇到的问题，综合考虑老师给出的建议，这样老师也能更全面地了解孩子的变化，形成家校合力，避免沟通和教育上的误会和分歧。我们还要鼓励孩子多与老师交流，使孩子养成遇到问题不怯于求助、不害怕求助的习惯。

4. 提供适当的方法指导，及时给予反馈和肯定

像案例中的小涵一样，有些孩子会在成绩退步后自怨自艾，担心会让家长失望。当孩子出现这种情况时，我们要开导孩子接纳现状，不懊悔、不埋怨，保持积极心态，正视孩子在学习上出现的问题，可以和孩子一起分析，查缺补漏；告诉孩子不应以现在的认知水平去责怪过去的自己，不要纠结在“要是”“如果”“假如那时候”等想法上，勿因追逐无法回到的昨天而错失今天。

5. 言传身教，陪孩子一起放松

当我们感到焦虑时，可以通过腹式呼吸法帮助自己舒缓情绪，回归平稳状态。以舒适的姿势坐好或者平躺，将注意力集中在自己的呼吸上，一只手放在腹部（大约在肚脐上方的位置），用鼻吸气，感受肚子微微鼓起；呼气时用嘴缓慢将气呼出，感受肚子凹下去。如此循环。当孩子因焦虑而紧张时，我们可以陪孩子一起做放松训练，亲子之间的互动也会变得更加亲密。

除了腹式呼吸法，还可以通过适量的运动来进行放松训练。适度的

锻炼可以使孩子放松身心，提高免疫力，保持头脑清醒。平时也可以散步或者做一些简单的拉伸运动，这种温和的运动方式也有助于孩子释放压力。

周末时，我们可以陪孩子出门散步、购物、郊游、看电影、吃美食等，通过转换环境帮助孩子平复紧张的情绪，加深亲子交流。但要注意，在与孩子休闲娱乐时，我们应尽量谈论轻松愉快的话题，避免因过多谈论与学习和考试相关的内容而导致孩子紧张不安。

帮助孩子正确归因和自我调整

案例分析

案例一　持续偏科

小陈学习非常努力，在高三上学期的几次大考中的成绩都很不错。他的优势科目是语文、英语，物理和化学相对薄弱。小陈感觉物理很难，即使上课努力听讲，课后做题时还是会出现困难。而同桌小张就不一样，他平时似乎并没有比小陈更努力，但考试成绩就是比小陈的好。小陈认为自己智商可能不如小张，因此自己的物理和化学都学得不太好，不仅对学好理化没信心，也不敢去请教老师问题，更是认定了自己不可能在高考中考好这两科；而语文、英语之所以能学好，是因为知识点的记忆对小陈来说相对简单，而良好的成绩也激励着他更愿意把时间花在背诵这两科的知识点上。

案例二 不喜欢现在的数学老师

小童在高三第一次模拟考后，面对大幅下滑的成绩非常难过。在跟好朋友的交谈中，小童表示自己已经很努力了，每天都花大量时间在学习上。这次模拟考之所以没有考好，是因为进入高三后换了数学老师，他觉得自己并不喜欢老师的讲课风格。自己没考好，就是因为老师没有教好。对于这种情况，小童非常郁闷，跟父母提起后，父母也只是告诉他不要想太多，好好学习就行。小童觉得无能为力，因为这件事严重影响了情绪和学习热情。

归因，即“原因归类”，即寻找结果产生的原因。在案例一中，小陈把自己学习物理和化学遇到困难的原因归结为自己的智商问题，认为自己不适合学习理化，这种归因倾向严重影响了他对学习这两科的热情和信心。而在案例二中，小童将自己数学考试没考好的原因归结为不喜欢新任数学老师的讲课风格，这种武断的归因很可能会影响师生关系的和谐，也会严重影响小童学习数学的兴趣和信心，继而影响其整个备考状态。

了解孩子

研究表明，自尊类型的不同会影响孩子的归因方式和学业成绩。自尊是孩子健康心理发展和良好个性最终形成的强有力的保障，对其一生有着重要的影响。根据个体心理的成长轨迹，心理学将自尊分为三类：①依赖性自尊，表现为依赖他人对自己的肯定和评价；②独立性自尊，表现为不需要别人来肯定自己，觉得自己做得挺好的；③无条件自尊，表现为不需要依赖他人对自己的肯定或自我肯定，也能够怡然自得地生活。无条件自尊是从依赖性自尊和独立性自尊发展而来的，能有分寸地调节依赖和独立的关系。

孩子在学习和生活中，掌握合理的归因方式十分重要。一个人对成败的归因，会影响到他今后的行为。例如，把失败归因为能力不足，则一般不会再去争取胜利；把失败归因为不够努力，则将倾向于通过更努力来争取下一次成功。（见表 3.1）

表 3.1 归因模型举例

因素	成功	失败
能力	“聪明”“有天赋”	“脑子笨”“脑子缺根弦了”“不是学习这块料”
努力	“最近很刻苦、认真”	“没复习”“不用心”“不够认真”“做事马虎”
工作难度	“题目简单”	“题目太难”“出现了偏题、怪题”
运气	“考的全会，蒙的全对”	“有点背”“会的不考，考的不会”
身心状况	—	“最近生病”“昨晚失眠”
外界环境	—	“天气冷”“考场光线不佳”

如果孩子将事件的发生归结为内在原因而低估了情境的因素，那么不但会影响学习信心、情绪状态和自我正确评价，还会影响人际关系和亲子关系的发展。没有形成正确科学归因模式的孩子，在备考过程中遇到困难时就很容易产生消极心理，无法“对症下药”，对老师和家长的建议也很难认同和执行，导致在这个时期走了很多弯路，浪费了时间。

在高三阶段，归因倾向的影响相比以往更为明显。一方面是孩子学业强度和压力的增加，另一方面是该时期的同伴竞争更为激烈，孩子面对的各种学习和生活事件逐渐增多。如果孩子在备考过程中一直在消极、错误地归因，那么就可能持续自我否定、缺乏干劲、怨天尤人。不少家长也知道提高自信心和学习动力对高考的重要性，但因没有找到二者与孩子归因方式之间的关系，所以难以帮助孩子纠正不良的归因倾向。

美国著名心理学家韦纳的归因理论认为，一个人解释自己行为结果的原因会反过来激发他的动机，从而影响他的行为、期望和情感反应。例如，当孩子只将成功归结为内部原因时，会感到自豪和满意；当孩子将成功完全归结为外部原因时，会感到惊喜和庆幸。当孩子将失败全部归结为内部原因时，会产生内疚和无助感；当孩子将失败完全归结为外部原因时，会产生敌对和愤怒感。当孩子将成功归因为稳定因素时，会提高学习积极性；当孩子将成功归因为不稳定因素时，则可能会降低学习积极性。当孩子将失败归因为稳定因素时，学习积极性会降低；当孩子将失败归因为不稳定因素时，学习积极性则会提高。

实施指南

1. 在考试后和孩子聊聊，了解孩子的归因倾向

当跟孩子聊起最近的考试成绩时，我们可以问“这次模拟考成绩不太理想，你觉得主要原因是什么？”（失败后归因）或“这次模拟考进步很大，你认为主要原因是什么？”（成功后归因），然后根据图 3.2 中对应的类型判断孩子的归因倾向并进行针对性的引导。

2. 及时发现并纠正孩子的归因偏差

如果孩子的归因偏于消极，我们应该引导孩子正确地进行辩证分析。

①孩子没考好，将失败归因为自己能力不行。我们可以这样引导：“这次考得好的同学是不是都比你聪明呢？如果不是，那么他们考得好，你觉得可能是什么原因呢？”“同学们平时的做题速度都比你快吗？”

②孩子没考好，将成功归因为其他人运气好、考试难度大、自己这次不走运。我们可以这样引导：“老师讲评试卷时是怎么评价这次考试难度的呢？”“相比前几次考试，你觉得这次考试难的地方在哪里？”“其他同学觉得这次考试怎么样？”

③当孩子重要考试的成绩不理想时，我们还可以这样问：“这次你复习准备得怎么样，感觉自己这段时间的状态如何？”“下次我们可以从什么方面努力突破？”“这次时间比较紧，是不是没来得及按进度复习？”

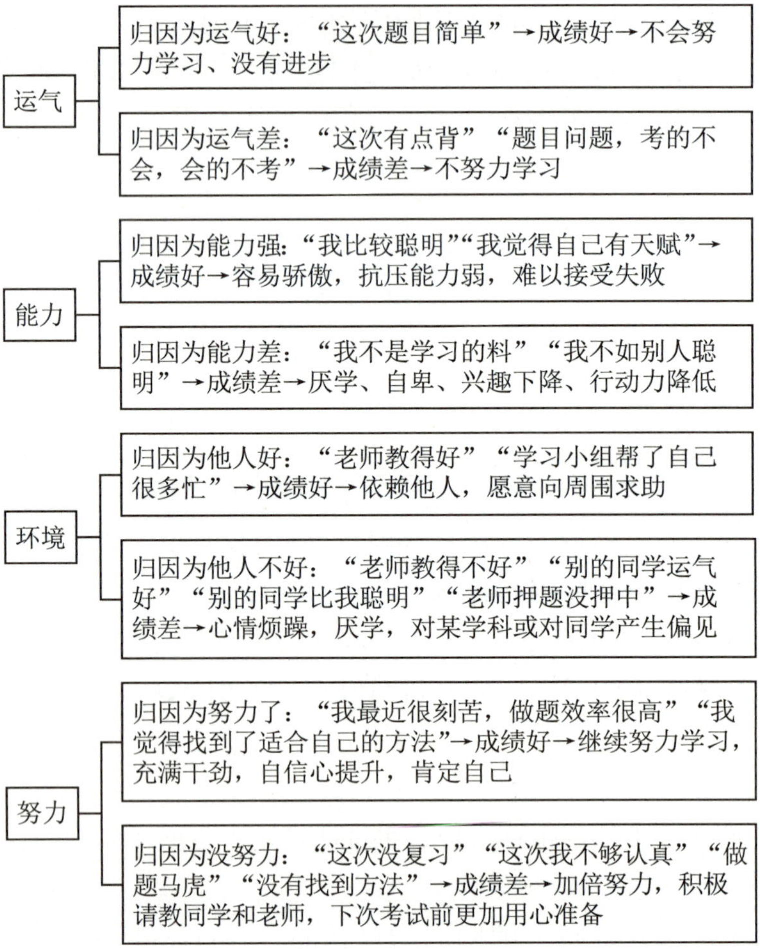

图 3.2　不同归因倾向对行为的影响

>>> 3. 以身作则，培养孩子科学合理的归因方式

孩子归因风格的形成会受到家庭氛围、父母个性和个人成长经历等因素的影响。我们可以多跟孩子分享一些自己积极向上的人生经历，培养孩子正确的认知模式和科学的归因方式。具体可以从以下方面入手：

①当孩子考得好时，要多从孩子的努力和付出方面进行肯定，避免直接夸孩子比别人聪明、运气好，以免误导孩子错误归因，降低孩子对努力的重视程度，进行虚高的自我评价。

②我们自己也要注意正确归因，减少对他人和自己能力的抱怨。错误的归因会形成一种指责抱怨的氛围，使孩子与他人相处时只找别人的原因而忽视自我反思，从而影响人际关系和亲子关系。当我们能以解决问题的方式进行合理的归因时，孩子也会在与家长的相处中学习和反思自己的归因方式。

③当孩子在学习上遇到困难或状态不好时，可以鼓励和引导孩子在归因时更多地从自身可控的方面思考，如在这一学科上最近安排的时间比重如何、遇到难题的时候有没有寻求老师或同学的帮助、这段时间是不是太累了等，引导孩子积极调整心态，恢复学习信心和动力。

配合老师训练孩子的应试策略

案例分析

案例一　考前紧张

自从上了高三，小兰每逢重大考试都特别紧张，有时甚至离考试还有很长时间，就开始担心自己考不好。她非常害怕在擅长科目的考试中碰到难题，导致发挥失常而影响自己的总成绩。因此，小兰很容易在考试时因过分焦虑而走神，甚至连一些简单基础的题目都做不出来。

案例二　考后松懈

小东在进入高三后，考试发挥得都不太稳定，状态好时才会考得比较好。考得好时，他就特别开心，干劲十足，但同时也会产生隐隐的担忧和压力，害怕自己如果下次考试成绩退步，就会让老师和家长失望；考得不好时，他就非常难过，以至于在考后很长时间都心情低落，无法接受自己没考好的事实，更不愿意分析原因、查缺补漏。由于没有整理错题的习惯，小东经常在同一类题目上反复做错。老师建议小东在考试后及时整理错题，做好归类并巩固相应知识点。可小东认为整理错题要花太多的时间和精力，而且还不一定有用，还不如把时间用在“刷题”上来得划算。因此，他在每次考试后仍然没有整理错题，而是一门心思想要用更多的时间来“刷题”。

在案例一中，小兰没有做好考前心理调整，对考试成绩的过度在意使她容易在考场上分心走神，无法集中注意力，导致考试发挥失常。而在案例二中，小东则是在考后心理调整方面出现了问题，容易沉浸于上一场考试的结果，没有正确看待考试成绩。同时，小东没有认识到整理错题的重要性，使他错过了考后总结提升的重要时机。

了解孩子

优异的成绩是平时努力的呈现。良好的考试习惯和技巧能帮助孩子减少失误，避免因时间分配不均、应试策略欠缺、身体不适等非智力因素而导致失分。

很多家长只关注孩子平时学习的勤奋程度和学业表现，常常忽视孩子也需要科学的应试策略。应试策略主要指考生为了能更好地完成考试而采取的应对方法，包括考前的准备（如心理准备、知识准备、身体准备），进入考场前和考试时的注意事项和调整方法，考后的分析和整理等。假如孩子的知识储备为一百分，但是应试策略不当，就有可能只能在考试中表现出七八十分的知识水平，甚至更低。

高三是检验孩子学习成果的关键一年，也是考验家长的重要一年。

我们平时应该多关注与高考相关的资讯，并通过学校的信息发布和班级教师的反馈等方式，积极地了解孩子在备考过程中的状态，指导孩子适时适度地对应试策略做出调整。

实施指南

孩子应试策略的培养需要家校配合，我们家长应做到以下几个方面：

1. 不预设过高目标，不过分叮嘱

中国科学院教授王极盛在十余年的高考研究中发现，历年高考成绩较高的考生的父母，在高考前对孩子几乎都没有过多的要求，只是告诉孩子“努力备考，尽力而为”。当父母给予理解和鼓励时，孩子就会感到安心，释放不必要的心理压力，从而更加努力，更从容地面对高考。

很多家长由于过分焦虑，在孩子考前难以控制自己，不自觉地反复提醒孩子考试的各种注意事项，其实我们大可不必太紧张。如果在孩子高考前重复强调，一方面效果有限，无形中增加了孩子的心理压力，让孩子承担过重的心理包袱；另一方面也有可能影响孩子的考试情绪，甚至爆发争吵，得不偿失。这样的无效提醒不仅没有效果，反而让孩子怀着不稳定、不愉快的心情去参加高考，孩子自然难以发挥正常水平。

2. 培养孩子良好的应试心态

高三的孩子受到学校、家庭、亲友等各方关注，在学业繁重、考试频率增加、同辈竞争激烈等压力下，容易产生焦虑、急躁、自卑、易怒等不良情绪，需要我们积极地帮助孩子疏导。

（1）教育孩子正确看待挫折

抗挫能力的培养对孩子的学习动力和情绪调节有着非常重要的影

响。美国著名心理学家马斯洛说过："挫折未必总是坏的，关键在于对待挫折的态度。"抗挫能力是良好的应试心态中不可或缺的部分。在孩子遭遇挫折时，我们应该引导孩子正确地看待事情本身，对结果进行正确归因，寻找改进的方向，减少自我否定，树立继续努力的信心。

（2）注重培养孩子的应变能力

孩子在进入考场后有可能会遇到某些突发情况，如考前紧张、考试时遇到难题等。我们平时可以指导孩子进行"情境预设"，设想一些可能出现的问题，以及相应的应对措施，并通过练习运用深呼吸、肌肉渐进放松等方法来缓解紧张的情绪。

（3）帮助孩子缓解考前焦虑

我们要让孩子明白，学习的进步需要一点一滴的积累。有些孩子因备考时间不足而感到十分焦虑，由此心生退意；有些孩子考场上因感觉时间紧、题量大而对考试失去信心。我们平时要多引导孩子对考卷进行全局分析，做好时间分配，提醒孩子在考试时从全局出发，努力拿下自己最有可能做对、做好的题目。

（4）提醒孩子不要太在意他人的评价

放下过度的担心，积极准备考试，答题不要过快过急，用平常心看待考试结果。

> >> 3. 引导孩子进行科学有效的考后分析

许多孩子没有利用好考后分析来提升自我，而把注意力过多地放在分数本身，因此出现案例二中小东的情况——考得好时欢天喜地，考得不好时则郁郁寡欢。我们可以在孩子的模拟考试结束后，按以下方法帮助孩子进行考后分析：

（1）方法一

①了解孩子的短期目标分数，再参考近几次重大考试的平均成绩，以此做出对比，看到差距，分析努力方向。比如目标大学的录取线是650分，自己在大考时的平均分数为580分，可以预估至少还应该有70分的提升空间。

②与孩子一起分析各科成绩，找到提分空间最大的学科和优势学科。这一步是建立在整理和分析试卷，并且对于各科形成一定的客观认

识（结合学科老师、班主任的建议和分析）的基础上进行的。

③选择有针对性的教辅资料，在精不在多，建议以高考真题和模拟题为主。

④锁定学科具体的知识点，做到同类型题能举一反三，对错题进行反思总结。可以参考康奈尔笔记法。（见表 3.2）

表 3.2　康奈尔笔记法

<table>
<tr><td colspan="2">课程名称 / 授课题目 / 阅读书籍名称 / 笔记主题 + 日期</td></tr>
<tr><td>1. 提纲
（提炼要点 / 重点、关键词、简短标题、关键概念、联想到的相关问题）</td><td>2. 笔记
①记录重点
②保持简洁（专注关键词和关键语句）
③记录中心思想（观点 / 主旨 / 主要思想）
④隔行（开始下一个题目时）
⑤记下疑问（不清楚的问题）
⑥可用荧光笔画出笔记重点</td></tr>
<tr><td colspan="2">3. 总结
①及时向他人请教自己未弄明白的知识点
②组织概括文章的中心思想
③能将知识点用自己的语言表述出来</td></tr>
</table>

⑤对不同学科应采用不同的学习策略。鼓励孩子简化错题本，总结错题。例如，对于化学和生物，可以尝试将错题凝练成一句方便自己记忆的话语；对于英语，可以利用词汇卡、单词手册等帮助记忆单词，注重在阅读中记单词；对于物理和数学，要了解原理，可以尝试推导公式；对于语文，需要扩大阅读面和提高信息整合运用的能力；等等。

（2）方法二

利用 SK 试卷分析技术，和孩子一起进行更科学高效的考后分析。（见表 3.3）

表 3.3 SK 试卷分析表（由孩子填写）

题号	得分	错误类型	考点 （该题考查的知识点）	与课本、教辅相同或相似的内容 （经典题或原文出处）
1				
2				
3				
4				
5				
6				
7				
8				
⋮				
16				
17				
18				
19				
20				
反思总结				

其中，“错误类型”分为S型（技能缺失型错误）和K型（知识欠缺型错误），具体分析步骤见图3.3～3.4。

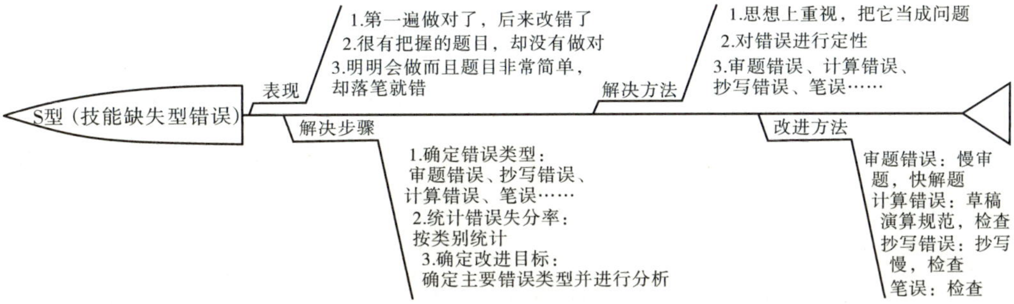

图3.3　S型（技能缺失型错误）分析步骤

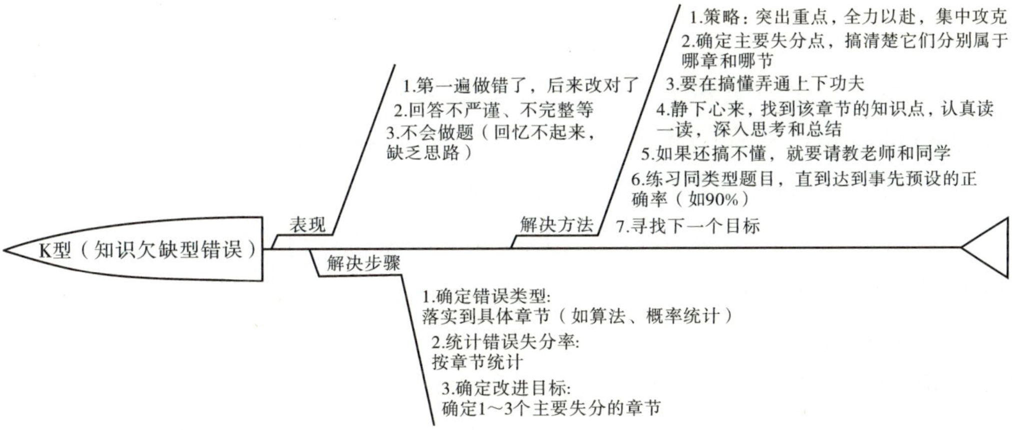

图3.4　K型（知识欠缺型错误）分析步骤

然后将分析出的错误类型做相应的归类统计。（见表3.4）

表3.4　错误类型统计

S型错误		K型错误	
错误内容	失分	错误内容	失分
S型小计		K型小计	
失分合计			
存在的主要问题			

通过合理利用SK试卷分析技术，我们可以帮助孩子一起进行考后分析，找到考试中存在和反映的问题。孩子在填表过程中可以更客观地发现学习盲点，而不是停留在主观层面上（如“是我粗心”“考题太多”“时间不够”“没准备好”等）。在分析的过程中，我们不要过度干预孩子，要给孩子营造轻松的氛围，让孩子认真思考分析，再和孩子一起探讨解决方法，鼓励孩子积极进行尝试和改正。保持包容的态度，以陪伴和引导为主，孩子会更愿意在考后与家长进行深度交流。

4. 指导孩子摸索和调整适合自己的答题节奏

许多孩子在考试时还没有来得及做最后的大题，考试结束的时间就到了，等试卷发回来后仔细一看，发现大题的前两小题其实很容易做，所占的分值也不少，只是时间上就差了一点，感到非常可惜。也有不少孩子在考试结束时突然有了灵感，但已经没有时间作答了。若孩子答题速度相对较慢、经常写不完试卷，我们可以注重训练他的答题速度。假如短期内自身水平和答题速度不变，那么考试策略就会在很大程度上影响孩子的成绩。在动笔作答前，孩子应该对试题难度和答题能力进行准确判断，保证考试得分的最大化，而不是与某一道题“死磕”到底，影响整体的做题速度和考场心态。

不少孩子考试时遇到自己会做的题就想赶快做完，把时间尽量留给不会做的题，这固然是一种考试策略，但也有可能会因为着急和粗心而导致出现失误而丢分。为了在考场上把握好考试节奏，合理分配答题时间，我们可以让孩子在平时多进行答题限时训练：拿到试卷后，先花1分钟总体浏览试卷，做到心中有数；再对题目进行分类，对有把握的题目用铅笔打钩后可暂时跳过，对需要稍做思考的题目可以用铅笔画个圆圈，对基本没有思路的题目可以画个三角，不做过多停留；正式答题时，把时间重点花在画圆圈的题目上。孩子在平时的答题限时训练中要培养读题审题的感觉，在考场上就能够更好地分配答题时间，保证答题效率。

延伸拓展

阅读推荐

›» 1.《高三家长助考全程指南》(著者：王极盛；出版单位：中国妇女出版社)

本书以独特的视角深入浅出地剖析，通过大量实例对高三孩子的家长常出现的认识误区、与孩子沟通的原则和技巧、如何调整自我心态以及帮助孩子调整心态的方法、复习策略及心理战略、考前和考中要注意的事项等内容的阐述，指导家长帮助高三孩子解决容易出现的问题。

›» 2.《逆商》(著者：[美]保罗·史托兹，译者：石盼盼；出版单位：中国人民大学出版社)

本书列举了生活中大量的真实案例，指导读者应对逆境、重塑生活，向上攀登、超越自我，以及掌控未来前行的方向。通过本书，家长可以掌握培养孩子逆商的方法，引导孩子积极面对各种艰难险阻，重塑拼搏奋发的精神，提高孩子处理人际关系的能力、抗压能力和竞争力。

评估改进

一、自我评估

›» 1. 请根据你近期的实际情况进行选择

(1) 你的体重容易在短期内下降。(　　)

A. 从不　　B. 很少　　C. 偶尔　　D. 经常　　E. 总是

（2）你对孩子的一举一动过于敏感。（　　）

A. 从不　B. 很少　C. 偶尔　D. 经常　E. 总是

（3）你会告诉孩子"不要有压力"。（　　）

A. 总是　B. 经常　C. 偶尔　D. 很少　E. 从不

（4）你的睡眠质量下降。（　　）

A. 从不　B. 很少　C. 偶尔　D. 经常　E. 总是

（5）你的工作效率有所下降。（　　）

A. 从不　B. 很少　C. 偶尔　D. 经常　E. 总是

（6）除了高考，你对其他事情的关注度不高。（　　）

A. 从不　B. 很少　C. 偶尔　D. 经常　E. 总是

（7）你疏于照顾家庭的其他成员。（　　）

A. 从不　B. 很少　C. 偶尔　D. 经常　E. 总是

（8）你对其他家庭成员发脾气。（　　）

A. 从不　B. 很少　C. 偶尔　D. 经常　E. 总是

（9）你常拿学习成绩好的孩子当例子来批评自己的孩子。（　　）

A. 从不　B. 很少　C. 偶尔　D. 经常　E. 总是

（10）对孩子的事，你不惜花费一整天的时间也要弄清"真相"。（　　）

A. 从不　B. 很少　C. 偶尔　D. 经常　E. 总是

（11）你的情绪容易受孩子的分数影响。（　　）

A. 从不　B. 很少　C. 偶尔　D. 经常　E. 总是

（12）你过于关注孩子的物质需求。（　　）

A. 从不　B. 很少　C. 偶尔　D. 经常　E. 总是

（13）凡是关于学习方法的资料，你都深信不疑，甚至不分时间、地点，想要立刻找到孩子告知自己的"发现"。（　　）

A. 从不　B. 很少　C. 偶尔　D. 经常　E. 总是

【评估参考】

选择 A、B、C、D、E，依次得 5 分、4 分、3 分、2 分、1 分。

总分 53 ～ 65 分：你的心态较为平和，能够按照平时的生活和工作节奏进行陪考。

总分 40 ～ 52 分：你表现出适度的焦虑，但能很快地进行自我调节，在与孩子的相处中能及时调整好自己的情绪和状态。

总分 27 ～ 39 分：你表现得较为焦虑，明显能感受到孩子高考给自己带来的紧张和不适感。建议稍微转移对于高考的注意力，为自己安排一些放松身心和调节情绪的活动。

总分 27 分以下：你表现出了极大的焦虑，承受着极大的心理压力。这种紧张的状态反映在照顾孩子生活起居、与家庭成员日常谈话以及个人生活上，既加重了孩子的考试焦虑，也不利于家庭关系的和谐。应该及时进行自我调整，将注意力从孩子身上适度地转移到其他地方，为孩子提供温馨轻松的备考环境。有针对性地调整自己对高考的认知，做到科学陪考。

》》 2. 指导孩子在学业归因测试（选自多维度-多归因因果量表）中，用 1 ～ 5 表示以下的描述在多大程度上符合孩子的想法

1-非常不同意　2-比较不同意　3-不确定　4-比较同意　5-非常同意

(　)(1) 一旦得了低分，我就会怀疑自己的学习能力。

(　)(2) 我在那几次考试中得了高分，是因为老师的打分标准太宽松。

(　)(3) 有时我考试成功需要一点运气。

(　)(4) 我所取得的高分全都因为我的努力。

(　)(5) 取得高分最重要的因素是我的学业能力。

(　)(6) 一旦老师认定某个学生是差生，那么该生交的作业更有可能得到低分。

(　)(7) 如果我得了低分，有时候可能是因为自己运气不好。

(　)(8) 如果我在学校做的不如期望的那么好，多半是因为我不够努力。

(　)(9) 要是我没学好某门课程，很可能是因为我缺乏这方面的技巧。

(　)(10) 我得了高分，只不过说明这门课程比大多数课程容易。

(　)(11) 我感到我得的高分中，有时候要靠机遇，如考试中恰

巧出现了我会做的题目。

(　　)(12) 我认为我的高分直接反映了我的学业能力强。

(　　)(13) 在那些老师讲得枯燥的课程中，我常常会得到低分。

(　　)(14) 低分提示我不够努力。

(　　)(15) 要是得了低分，我会觉得自己没有能力学好这门课程。

(　　)(16) 我有时会因为得到高分而庆幸。

(　　)(17) 只要我努力，就能克服通向学业成功之路上的任何障碍。

(　　)(18) 在我看来，有些我得到的低分，只意味着那些老师打分过于严苛。

(　　)(19) 我得了低分，可能是选错了课程。

【评估参考】

以上19题涉及学业成就，可以归类为4组，分别测量4种归因倾向：能力、努力、环境和运气。其中，能力和努力为内部原因，运气和环境为外部原因；能力和环境为稳定因素，努力和运气为不稳定因素，具体体现如下：

能力 [(1)(5)(9)(12)(15)]

努力 [(4)(8)(14)(17)]

环境 [(2)(6)(10)(13)(18)]

运气 [(3)(7)(11)(16)(19)]

各维度得分越高，说明越有该维度的归因倾向。按照不同维度的题目组分别计分，得分越高则该维度倾向性越强。不应过于倾向任何一个维度，应尽量保持四个方面的均衡。

二、改进计划

表 3.5 改进计划表

序号	我的收获	我的改进行动
例	孩子在高三时出现“高原现象”是正常的，既是挑战也是机遇。作为父母，我们应该稳定心神，做孩子坚强的后盾。	1. 对孩子成绩的起伏，我要学会控制自己的情绪。 2. 跟孩子多聊天，表达自己对他（她）的理解。 3. 尝试和孩子一起找到学习效率不高、成绩下滑的原因，再一起寻找和尝试解决的办法。 4. 如果还是解决不了，我应该鼓励孩子向老师和同学求助。
1		
2		
3		

高中三年级下册

第四专题 如何帮助孩子释放升学压力

作为家长，你是否遇到过这样的情况：自己忙前忙后做好一桌饭菜，但是孩子刚吃两口就说胃口不好，不想吃了；一家人在饭桌上聊着某个话题，孩子忽然生气，甩手而去；孩子常常入睡困难，多梦易醒；孩子考试时大脑一片空白，连基础的知识点都想不起来，出了考场却记起来了……

孩子有这些表现，是什么原因引起的？是孩子没有礼貌、不顾及长辈的感受，还是孩子不努力学习、知识点掌握不牢固而引起情绪烦躁？遇到这些情况，我们该怎么做呢？

专题目标

1. 家长安排好自己的工作和生活，给孩子做良好的情绪示范。

2. 理解和接纳孩子在高三阶段的情绪特点，运用有效的方法缓解孩子的焦虑情绪，帮助孩子做好考试心理调适。

3. 为孩子提供充足的膳食保障，并督促孩子进行适度运动。

给孩子做良好的情绪示范

案例分析

案例　不想回家的周末

全市第一次联考刚结束，明宇的妈妈就给班主任打来电话，希望班主任可以帮忙劝导明宇周末回家吃饭。班主任有些吃惊："明宇周末不回家吗？"明宇妈妈说："他已经有一个多月没回家了。"中午，班主任找明宇谈心，了解情况。明宇说出了心中的苦恼："我很害怕回家。每次周末回家，妈妈只会问我学习上的事。问完分数，就开始跟我诉苦，絮絮叨叨地说她工作多忙，压力有多大。每次妈妈说起这些，我都不敢抬头看她，心里很愧疚，觉得是自己让妈妈受苦受累了，觉得很对不起妈妈。""每当妈妈说她工作辛苦的时候，爸爸就反驳她'就你工作累，我不累吗'。爸妈一吵架，我就感觉很烦躁，只想躲进房间，关上房门，什么都不去想。"

家是每个孩子温暖的港湾，而家长则是这个"港湾"的晴雨表。这个"港湾"是风平浪静，还是风雨大作，基本上是由家长主导的。如果家长心情愉悦、情绪积极，那么这个"港湾"就会艳阳高照、春风和煦；如果家长常常表情凝重、唉声叹气，那么这个"港湾"就会阴云密布、气氛压抑；如果夫妻关系不和，常起争端，那么这个"港湾"就会雷电交加、风雨大作。当孩子被家长的冷言冷语"浇"得"浑身湿透"，长期感受不到温暖时，亲子关系就会越来越僵，孩子也就越来越不想停靠在这个"港湾"了……

了解孩子

面临高考的孩子会出现不同的心理，有的茫然无措，有的患得患失，有的过于自卑，有的又过于自信。孩子产生这些心理的原因大致有以下几点。

（1）学习氛围紧张，压力过大

进入高三后，不少学校每到一个特殊的时间节点（如高考倒计时200天、100天、50天或联考前、联考后）就会召开动员会，安排宣誓的环节。在慷慨激昂的宣誓声里，孩子的情绪被激发和调动起来，但同时也会感到压力倍增。

（2）学习任务重，情绪焦虑

到了高三，各学科练习量增加，难度增大；考试内容多，综合性强。每天面对海量的学习任务，孩子一旦来不及完成，接下来的学习任务就会像滚雪球一样继续累积，久而久之，郁结的焦虑情绪就容易使孩子烦躁易怒。

（3）渴望倾诉，渴望交流

高三的孩子在学校的主要任务是学习，如果回家后的话题仍离不开学习和分数，巨大的压力就难以得到排解。无法缓解焦虑的情绪，孩子就会心情烦躁。在与家人和朋友的相处中，孩子渴望倾诉，渴望交流，以此缓解压力、化解焦虑。

（4）竞争激烈，人际关系紧张

进入高三后，孩子可以自主安排的时间少了，同学之间交流的时间少了。在激烈的竞争环境下，人际关系变得紧张，易诱发孩子的焦虑情绪。

（5）个性不同，抗压能力不同

坚强乐观的孩子抗压能力较强，敏感脆弱的孩子抗压能力相对较弱。了解孩子的个性，才能采取恰当的方法更好地帮助孩子化解压力。

实施指南

我们在冷静时更容易与孩子理性地交流。家长安排好自己的工作，调整好自己的情绪，才能营造温馨和谐的家庭氛围。

1. 善于整体规划，高效处理各项事务

很多家长工作忙碌，压力大。如果缺乏规划，没有处理好工作和生活的关系，就容易打乱生活节奏，导致焦虑。

我们可以在早上按事情的轻重缓急列出一天的工作清单，然后分项解决、逐个击破。完成一件，就在清单上勾一件。这样既能高效地处理各项事务，也能为孩子树立做事条理清晰的良好榜样。

比如，梁启超就给女儿梁思顺写过关于合理安排时间的信。

……我且把我的功课表写给汝看。

每日下午二时至三时在东南大学讲“中国政治思想史”，除来复日停课外，日日如是。

每来复五晚为校中各种学术团体讲演，每次二小时以上。

每来复四晚在法政专门讲演，每次二小时。

每来复二上午为第一中学讲演，每次二小时。

每来复六上午为女子师范讲演，每次二小时。

每来复一、三、五从早上七点半起至九点半（最苦是这一件，因为六点钟就要起来），我自己到支那内学院上课，听欧阳竟无先生讲佛学。

此外各学校或团体之欢迎会等，每来复总有一次以上。

讲演之多既如此，而且讲义都是临时自编，自到南京以来（一个月），所撰约十万字。①

……

以上廿八日（1922年11月28日）写

① 梁启超：《梁启超家书校注本》，胡跃生校注，漓江出版社，2017，第574页。

家长有计划地安排好工作与生活并和孩子分享自己的安排表，可以给孩子做良好示范。家长高效利用时间，孩子也会受到积极影响，从而提高学习效率。

2. 营造良好的家庭学习氛围，给孩子积极向上的情绪导向

不少家长在督促孩子学习时习惯用“给我去学习”等语句命令或呵斥孩子。与其言传，不如身教。家长营造学习型的家庭环境，带动孩子一起学习，效果更佳。我们可以尝试这样做：在冰箱上贴便笺，按轻重缓急程度列出每天要完成的工作，晚上回顾一天的工作；准备心情卡片，每天至少写下两件让你满意的事情，或者配偶让你满意的事情；在便笺上写下孩子做的让你感到骄傲的事情；等等。

3. 处理好工作和生活的关系，不要把工作中的负面情绪带回家

身处职场的我们也不轻松，工作任务重，压力大，还不时需要加班。但我们可以给自己设定一条底线：工作再累，也不要把职场上的负面情绪带回家。我们可以尝试这样做：进门前深呼吸，放松面部表情，给自己积极的心理暗示，如“我要好好营造温馨的家庭氛围”；进门时用轻松的语气跟家里人打声招呼；晚餐时跟家人交流，把工作中让自己高兴的事分享给家人；等等。

修身方能齐家。家长做出榜样，孩子的心智发展才会正向积极。如果把情绪比喻成河水，那么理性就是堤岸，唯有用理性之堤去约束，情绪之水才不会泛滥成灾。不少家长常喜欢用“我走过的桥比你走过的路还多”来教育孩子，既然走过那么多的桥和路，那么我们遇事时就更应理性、冷静地面对和处理，让自己成为孩子效仿的对象。

帮助孩子做好考试心理调适

案例分析

案例　考前的小状况

小逸在父母的陪同下来到心理科门诊，向医生反映自己最近经常心慌、手脚发冷、手心出汗、口干舌燥；晚上入睡困难，好不容易睡着，还多梦易醒，总想上厕所。尤其在考试前几天，这些情况更明显。距离高考越来越近了，小逸的父母既担心又着急。

高三孩子考试的密度非常大。模拟考是高考前常使用的考查方式，周测是其中常规的考试方式，到了高三后期几乎每天都有测验。此外，还有全年级统一进行的月考，每隔一段时间各地市（或兄弟学校）还会组织联考。每次考试都会模拟高考的模式，统一安排标准化考场，统一流水阅卷，有些科目的题型（如语文、英语的作文）还会安排“双评”，评分结果差异较大的还会设仲裁。总之，一切流程尽可能与高考一致。长期在这样的高压环境下学习和考试，孩子的精神长时间处于紧绷状态，难免容易焦虑。

模拟考成绩出来后，学校会参照往年高考分数线来划线，并与周边地市（或学校）参照对比。在各项数据的比较分析中，模拟考分数没有达到参考的本科线或自己预期分数的孩子，容易患得患失、失去信心；在考试结果中看到自己基础题丢分严重、知识缺漏得比较多的孩子，容易产生紧张和焦虑的情绪；看到自己排名忽上忽下的孩子，容易迷失方向、不知所措。这时，处于各种情绪交织中的孩子特别需要老师和家长的开导和指点。家校要一起发力，帮助孩子做好考试心理调适。

了解孩子

1. 理解孩子的焦虑情绪，正确认识压力的作用

焦虑度过低，难以激发学习积极性，获得的成绩也较差；焦虑度适中，有利于激发学习积极性，学习效率较高，取得的成绩较好；焦虑度过高，则会对心理产生负面影响，从而影响考试的正常发挥，也就难以取得满意的成绩。

因为有压力，所以产生焦虑；但学习如果没有压力，就会缺少动力。在压力的作用下，人会做出应激反应，引发一定程度的焦虑，适当的压力会带给人更多的创造力，适当的焦虑情绪可以激发人应对困难的潜力。因此，我们要理解孩子的焦虑情绪，积极调适自己和孩子的心理状态。

2. 了解孩子的潜力，对孩子的学业水平有清醒的预判

家长过高的期望也会引起孩子的焦虑，甚至会让孩子因产生“反正无论如何我也达不到目标”的心理而放弃努力。

你是否留意过排球网的高度？男排球网和女排球网的高度是不一样的。男排球网的高度是 2.43 米，而女排球网的高度要比男排球网低，为 2.24 米。为什么会设置不同的高度呢？因为男性具有身高优势，女性的身高及弹跳等方面因素和男性有差距，根据男女不同的特点而设置不同的球网高度，让球员们“跳起来，够得着”，更容易实现运动目标，从而获得成就感。如果女排球网按男排球网的高度设置，就超出了女性球员的能力和水平，她们很有可能无论怎么努力都无法拦网和扣球，也就没有打球的动力了。因此，适当的球网高度更易于激发球员的动力。

同样，我们也应该恰当地评估孩子的实力，不要把对孩子的期望值定得过高。如果对孩子的期望脱离了孩子的实际水平，一味地跟别的孩子攀比，甚至把自己当年没有实现的理想目标强加在孩子身上，就有可能导致孩子情绪低落，甚至心理失衡。

我们要持有平和的心态，对孩子保持合理期望，和孩子一起度过这

紧张而又充满挑战的“高考年”。

实施指南

高三这一年，不少孩子对考试既担心又紧张，考前想“我考不好怎么办”，考后又会想“我怎么考得那么差啊”。这时，家长要保持理性和冷静，引导孩子从以下几方面进行调整。

1. 考前心理调适

孩子考前出现紧张焦虑是正常的。首先，要引导孩子自我觉察，让孩子试着以旁观者的视角来观察自己，感知自己考试前的身心状态，包括身体感觉、情绪反应等。久而久之，孩子就更能从客观的角度认识自己。其次，要引导孩子接纳自己的情绪。安抚孩子考试前产生的紧张情绪，引导孩子为自己打气：“我有点紧张，但这并不影响我的发挥，反而会刺激我的大脑，使我思维更敏捷，做题速度更快。”

2. 考时心理疏导

引导孩子在考试过程中多想答题细节，少想考试结果。考试时，将注意力集中在试题上，精神高度集中了，自然就会忘掉紧张了。至于那未知的结果，先不要去想。

即使某一科考试发挥得不理想（如语文作文没写完、数学的某道题目没做出来等），也不要让小失误乱了大阵脚。这个时候我们要安慰孩子，不要放大自己出错的部分而忽略自己完成的部分，出错是正常现象，并不是只有考取满分才能上大学。

3. 考后心理辅导

（1）引导孩子专注于考试本身，考后及时查缺补漏

有些孩子之所以产生考后焦虑，是因为担心成绩无法让自己和老师、家长满意。我们可以这样引导孩子："这只不过是一场考试，是我们人生无数次考试中的一次而已。我们更要注重考试的过程，发挥正常水平，认真做好每一道题；也要感谢在考试中发现的知识盲点，让我们还有机会去弥补缺漏，以更完美的状态迎接高考的到来。"

（2）引导孩子纵向比较，看到自己的点滴进步

海明威说："优于别人并不高贵，真正的高贵应该是优于过去的自己。"我们不仅不要将自己的孩子与别的孩子进行简单对比，而且要引导孩子克服这种横向对比的思维。人与人之间是存在差异的，也正是个体差异决定了每个人的独特性。盲目的对比只会徒然增加孩子的压力和负担。不妨让孩子拿现在的自己和过去的自己对比：做题速度比上次考试快了、知识缺漏的地方没上次多了、运算错误比上次少了……如此引导，孩子的情绪就始终是积极向上的，孩子也就更有信心和动力去激发潜力。

（3）引导孩子通过合理的方式宣泄情绪

孩子在考试结束后，或多或少都会有些不良情绪，有时是对自己粗心的自责，有时是对自己没有在考场上发挥好的懊悔，有时是对自己弱项的不甘。负面情绪如果得不到合理宣泄，压抑太久就容易影响身心健康，影响后续的学习。我们要及时引导孩子合理宣泄情绪，例如通过跑步、打球释放压力，通过听音乐、唱歌转移注意力，通过淋浴、泡澡纾解压力，等等。我们要告诉孩子放下心理包袱，轻装上阵才能更好地继续学习和迎接高考。

4. 给孩子提供倾诉的机会

（1）当面交流

住校的孩子，往往一周甚至一个月才能回一次家，这是难得的亲子交流的机会。这时，我们应该让孩子从紧张的日常学习中暂时脱离出来，好好放松身心，可以和孩子吃一顿饭，或者看一场电影。可以在家就餐，享受一家人围桌而坐的温馨；也可以外出就餐，选一个安静的餐

厅，点几个孩子爱吃的菜，边吃边聊。交流时，注意尽可能不对孩子所说的事情做“有错评判”，而尽可能地谈论与学习和考试无关的话题，多倾听孩子的心声。

（2）书信交流

孩子住校后，与家人交流的时间难免会减少，这时写信就成了亲子沟通最具温度的方式。文字沟通使我们更为心平气和，多了一些深思，少了一些冲动，多了一些关怀，少了一些指责。沟通渠道畅通了，孩子的压力就会得到缓解，焦虑也就得到释放了。

（3）网络交流

网络时代给我们提供了前所未有的便利。在外地工作的家长没有办法陪在孩子身边，这时，语音通话或视频聊天就是进行亲子沟通最直接的方式。

5. 安排家庭娱乐休闲活动

高考固然重要，但它毕竟只是孩子漫长人生中的一段历程，不是生活的全部。到了节假日，家长可以适当安排一些娱乐休闲活动，让孩子的生活丰富一些，这有助于缓解紧张的氛围。在安排家庭娱乐项目时，我们要多征求孩子的意见：如果孩子喜欢游泳，不妨一家人去游泳；如果孩子喜欢打羽毛球，可以陪孩子打羽毛球；如果孩子喜欢摄影，可以一家人到大自然寻找素材；如果孩子喜欢电影，可以让孩子选择想看的电影，享受娱乐时光……

考试心理的调适不应该在考试来临时才“突击完成”，而应该长期为之。日常生活丰富，精神生活充盈，张弛有度，孩子才能在学习时有条不紊、把握节奏，在考试时临阵不乱、心态平和。

6. 做善于激励的家长

美国心理学家、教育家威廉·詹姆斯研究发现，一个没有受到激励的人，仅能发挥其能力的 20% ～ 30%；当他受到激励时，其能力可以发挥至 80% ～ 90%；在受到充分激励后，他所发挥的能力甚至可以达到激励前的 3 ～ 4 倍。因此，我们在和孩子交流时，要多一些正向表达，多使用激励的语言，多陈述做得好的细节，如“妈妈喜欢看到笑容满面的你”“今天你早起了10分钟，真棒”“妈妈很喜欢听你分享你和同学之间的趣事”“说实话，爸爸当年在这方面还不如你呢”等。

指导孩子合理运动，保证营养与健康

案例分析

案例一　运动不足

某高中做过一项关于高中生体育锻炼的调查，结果显示：一周运动5小时以上的，男生占90%；一周运动1～3小时的，女生占75%；基本不运动的占总人数的22%。

从调查数据来看，高中孩子的每周运动时长存在着性别差异和个体差异，但仍有不少孩子没有达到每天运动1小时的标准。高三孩子功课忙、考试多，锻炼时间普遍不足，上体育课甚至成了一种奢望。有的孩子没有认识到体育锻炼的重要性，即使学校安排了体育课，也常常找各种理由请假，更愿意待在教室里复习功课。

《健康中国行动（2019—2030年）》中明确提出，中小学生每天校内体育活动时间不少于1小时，“将高中体育科目纳入高中学业水平测试或高考综合评价体系”。文件公布后，高中孩子的体育锻炼问题再次受到社会关注。

案例二 享受美食

每周六，思思的妈妈总要逛海鲜市场，因为上高三的女儿要在这一天回家，她最爱吃妈妈做的海鲜粥了。几只虾、几个螺、一条鱼，几乎每到周六，家里都飘散着海鲜粥的香味。女儿回来推开家门的一刹那，总是用力地吸一口气，忍不住地大赞："妈妈，好香啊！"

高三的孩子学习任务重，每天用脑时间长，住校的孩子都盼着每次回家的那天。孩子从学校回家时，我们可以给孩子烹饪一些营养丰富、易于吸收的食物，缓解孩子紧张的学习压力。

了解孩子

1. 关于运动

运动能缓解压力，让人保持平和的心态。运动时人体会分泌内啡肽，这种物质被称为"天然的止痛剂"，也被称为"快乐因子"。当运动达到一定量时，身体产生的内啡肽能愉悦心情，化解不愉快的情绪。

高三孩子惜时如金，一些孩子的作息表甚至把时间安排精细到了分钟。早操前、午饭后、晚睡前……孩子们争分夺秒地利用一切能利用的时间去学习，就很难将运动排进满满当当的时间表里了。

其实，科学合理的运动既可以放松紧张的情绪，又可以舒展疲劳的身体，不仅不会影响学习，反而对学习有促进作用。我们要引导孩子认识运动的好处，让孩子明白磨刀不误砍柴工的道理，告诉孩子运动是为了更好地恢复体力和更高效地学习。

（1）运动有助于消除疲劳

长时间的伏案久坐易引起身心疲劳，而适度运动不仅是缓解肌肉劳损的良方，还能起到调节和改善脑功能的作用。

（2）运动有助于提高睡眠质量

高三的孩子压力大，有时会出现入睡困难、多梦易醒的情况。运动后带来的机体疲劳能让孩子在放松中入睡，且睡眠质量更高。

（3）运动有助于增强记忆力

人的记忆力与血液中血红蛋白的含量有一定的关系。如果大脑长期处于高负荷状态，大脑就会缺氧，记忆力就有可能受损。长期合理的体育锻炼可以增加血液中血红蛋白的含量，而血红蛋白能与氧结合，再将氧输送到身体的各个组织，促进身体和脑部血液循环，保持大脑活力，增强记忆力。

（4）运动有助于提高自信心

完成一定的运动量后，人的内心会产生战胜困难的愉快感，这种感觉能帮助人们加强抗压能力，提高自信心。

2. 关于饮食

孩子在高三阶段的生理和情绪状态都相对特殊，此时引导孩子进行科学饮食尤为重要。

营养素不仅是身体健康的需要，也是精神健康的需要。比如，维生素 B 族是缓解压力的“天然解毒剂”。其中，维生素 B_1 被称为“抗神经炎因子”，缺乏时会让人郁郁寡欢；维生素 B_2 缺乏时会造成口腔生殖综合征，还会对性格发展产生负面影响；维生素 B_6 缺乏时容易让人焦虑不安；维生素 B_{12} 缺乏时会产生抑郁、嗜睡等问题，在老人和孩子身上的表现尤为明显。再如，维生素 C 可以促进产生肾上腺皮质激素，从而提升抗压能力；而人在承受较大心理压力时，身体对维生素 C 的消耗量约为平时的 8 倍。

另外，很多营养素有类似的作用。例如，钙是天然的“神经系统稳定剂”，具有安定情绪的作用；镁是重要的神经传导物质，能够放松肌肉；锌能维持血糖的平衡，使人避免因血糖过低而产生情绪低落；在深海鱼类中含量较多的 ω-3 脂肪酸，可以促进大脑中 5-羟色胺的分泌，有助于调节血脂、血压，改善睡眠，缓解焦虑，增强记忆力，减轻双相情感障碍的抑郁症状；等等。

近年来，营养精神病学越来越受各国科学家重视。日本科学家研究发现，食物与口腔的接触产生的感觉信息能够通过皮肤神经被传递到大脑中枢，使人消除内心的压力。咀嚼和吞咽可以转移人对紧张和焦虑的注意力，在大脑摄食中枢产生另外一个兴奋区，从而使紧张兴奋区的活动得到抑制，起到放松身心的作用。

实施指南

1. 指导孩子合理运动

我们要引导孩子选择一些强度不大的运动项目进行锻炼，如跑步、打球、爬山、跳健身操、跳绳、骑行等，都是适合高三孩子的运动形式。

（1）跑步

跑步相对自由，操作便捷，时长和强度可因人而异。日本作家村上春树几十年如一日地坚持跑步，他在《当我谈跑步时，我谈些什么》中写道："希望一人独处的念头，始终不变地存于心中。所以一天跑一个小时，来确保只属于自己的沉默的时间，对我的精神健康来说，成了具有重要意义的功课。至少在跑步时不需要和任何人交谈，不必听任何人说话，只需眺望周围的风光，凝视自己便可。这是任何东西都无法替代的宝贵时刻。①"我们可以提醒孩子安排好时间，如下午放学后在学校操场跑一两圈，10 分钟左右即可达到锻炼的目的。

（2）跳绳

跳绳对场地和器材的要求不高，可一人一绳地跳，也可多人使用一根长绳跳。跳绳有助于训练人的应变能力，促进血液循环，保持心血管健康，增强脑细胞活力。研究表明，持续跳绳 10 分钟和慢跑 30 分钟起到的锻炼效果大致相同。

---

① 村上春树:《当我谈跑步时，我谈些什么》，施小炜译，南海出版公司，2009，第 20 页。

（3）骑行

骑行自由、简单又环保。我们可以在周末来一次全家参与的骑行，把它当作一次小型的郊游，既能锻炼身体，又能愉悦身心，还可增进家人间的感情。

其他诸如球类、游泳等运动项目也是很好的选择，只是对场地的要求较高，可视具体条件而定。

>>> 2. 注意孩子营养与健康

我们不必在孩子的饮食方面过于费心，只要做到荤素搭配、健康合理即可。

（1）吃主食，保证能量

青少年对能量的需求高于成人，且男性高于女性。主食一般以米、面为主。燕麦、玉米面等粗杂粮中富含维生素和膳食纤维，能促进胃肠蠕动，预防便秘，控制体重，对降低血脂和血糖也起到很好的作用。主食是碳水化合物的主要来源，容易被人体消化吸收，且容易有饱腹感，可以为孩子长时间的学习提供能量支持。

（2）保证鱼、蛋、豆类等富含蛋白质食物的补充

蛋白质约占人体全部质量的 18%，是为身体提供能量、维持人体正常活动的基础物质，可以调节人体生理功能，具有较好的免疫作用。缺乏蛋白质易出现免疫力下降、慢性腹泻、贫血等症状。青春期的孩子对蛋白质的需求尤为突出，每日应摄入 80 ～ 90 克，其中优质蛋白质应占 40% ～ 50%。富含蛋白质的食物有豆制品、奶制品、鱼、禽、蛋、瘦肉等。

（3）多喝牛奶

牛奶含有优质的蛋白质，且富含钙、磷、钾等矿物质，其中钙的含量尤为丰富，一杯牛奶可以提供的钙约为 230 毫克，相当于人体一天所需钙量的 26% 左右。

（4）保证蔬菜、水果的摄入

维生素是维持人体生命活动必需的一类有机物质，也是保持人体健康的重要活性物质，主要起代谢调节作用。维生素 A、维生素 C、维生素 D、维生素 B 族及钙、磷、锌、铁等矿物质对孩子的大脑和身体发育

都十分重要。例如，维生素 A 对视力有益，维生素 C 能够预防坏血病，维生素 D 能促进钙和磷的吸收，维生素 B 族参与人体内糖、蛋白质和脂肪的代谢，等等。蔬菜和水果富含维生素。“天然钙片”西蓝花中富含的钙能保护骨骼健康，维持软组织的弹性和韧性；“快乐水果”香蕉中富含的钾能帮助人体维持肌肉和神经的正常功能；“素中之王”黑木耳中富含的铁能促进发育，增加对疾病的抵抗力。

（5）注意荤素搭配

①芹菜

芹菜含有丰富的色氨酸，能够促进分泌 5-羟色胺，起到辅助睡眠和调节心情的作用。此外，芹菜所含的芹菜苷具有一定的镇静作用，利于安定情绪、消除压力感。

②西红柿

西红柿中富含的番茄红素具有较强的抗氧化能力，可以消除人体内多余的自由基，起到一定的减压作用。此外，西红柿中还含有大量的维生素 C，有利于缓解紧张的情绪。同时，西红柿中所含的柠檬酸和苹果酸有助于调节肠胃功能，消除疲劳。

③菠菜

菠菜含有丰富的钾元素，能调节人体内皮质醇的含量，有利于催生幸福感，帮助愉悦心情。菠菜中还含有丰富的维生素和多巴胺，其中多巴胺是一种利于缓和心情的物质，常吃菠菜也是不错的减压选择。

④鱼

鱼肉含有丰富的不饱和脂肪酸，适当摄入能够降低心脑血管疾病的发生率。鱼肉的肉质细腻，蛋白质含量高，容易被人体消化吸收，有助于提高机体的免疫力，增强肌肉的力量。

延伸拓展

一、阅读推荐

1.《梁启超家书校注本》（著者：梁启超，校注：胡跃生；出版单位：漓江出版社）

本书是对存世的梁启超家书的集结与校注，共收录655通梁启超家书，根据所受书信内容分为“与妻书”“与弟书”“与儿女书”“与父书”，并附录一封“与婿书”煞尾，时间跨度长达30年，忠实记录了梁启超的思想与实践轨迹，真实地呈现了这位有血有肉有胸怀的杰出人物在亲情交往中所表露的美好情怀与人格魅力，读来令人神往。

2.《屡试不爽的千古良方——食物减压》（主编：罗宇；出版单位：天津科学技术出版社）

本书通过科学的膳食和合理的配餐，引导读者学会在简单轻松的进食中减缓压力，既告诉读者什么营养素对身体和情绪起到什么作用，又指出了什么时候应该吃什么食物来补充大脑所需要的特殊营养成分。家长可以通过科学的饮食模式，通过食物调节孩子的身体机能和情绪，从而减轻孩子的学业压力。

二、视频推荐

《起跑线》（印度电影）

本片讲述了一对印度中产阶级夫妇为了让孩子从小就能获得最好的教育、走上人生巅峰而绞尽脑汁地择校，最终逐步转变思想观念，意识到父母才是孩子的起跑线的故事。

评估改进

一、自我评估

1. 测一测你最近一星期的真实感受并打分（见表 4.1）

表 4.1 焦虑自评量表（SAS）

项目	没有或很少有	有时有	大部分时间有	绝大部分时间有	自评分
（1）我觉得最近比平常更容易紧张或着急	1	2	3	4	
（2）我无缘无故地感到害怕	1	2	3	4	
（3）我容易心里烦乱或觉得惊恐	1	2	3	4	
（4）我觉得我快要崩溃了	1	2	3	4	
（5）我觉得一切都很好，不会发生什么不幸	4	3	2	1	
（6）我手脚发抖打战	1	2	3	4	
（7）我因为头痛、颈痛和背痛而苦恼	1	2	3	4	
（8）我容易感觉疲乏甚至神经衰弱	1	2	3	4	
（9）我心平气和，并且容易安静坐着	4	3	2	1	
（10）我常常莫名地感觉心跳得很快	1	2	3	4	
（11）我因频繁的头晕而苦恼	1	2	3	4	
（12）我有时候会晕倒，或觉得要晕倒似的	1	2	3	4	
（13）我吸气和呼气都感到很容易	4	3	2	1	
（14）我总感觉手脚麻木和刺痛	1	2	3	4	
（15）我因为胃痛和消化不良而苦恼	1	2	3	4	
（16）我上厕所的次数很频繁	1	2	3	4	
（17）我的手脚常常干燥而温暖	4	3	2	1	
（18）我常常脸红发热	1	2	3	4	
（19）我容易入睡并且一夜安眠	4	3	2	1	
（20）我常做噩梦	1	2	3	4	
注：第（5）（9）（13）（17）（19）题的计分和其他题目是相反的					

【评估参考】

SAS的主要统计指标为总分。将20个项目的各个得分相加，即得到粗分；用粗分乘以1.25后取整数部分，即得出标准分。按照国内常模结果，SAS标准分的分界值为50分，其中，50～59分为轻度焦虑，60～69分为中度焦虑，70分及以上为重度焦虑。

>>> 2. 测一测你是否能很好的控制自己的情绪并维持良好的亲子关系？

（1）当孩子的成绩与你的期望有差距时，你通常是怎么做的？（　　）

A. 打骂

B. 训斥讽刺

C. 唠叨

D. 平等地跟孩子交流

（2）孩子模拟考试成绩不理想，你会失眠吗？（　　）

A. 总是

B. 经常

C. 有时

D. 很少

（3）模拟考试后，你是否会迫不及待向跟老师询问孩子的成绩？（　　）

A. 总是

B. 经常

C. 有时

D. 从不

（4）每次想到即将到来的高考，你的状态是怎样的？（　　）

A. 寝食难安，影响正常工作

B. 有些紧张，但总体能保持情绪稳定

C. 理解孩子，但有时忍不住唠叨

D. 理性冷静，鼓励孩子尽力而为

（5）孩子周末回家，你会鼓励或者陪孩子一起看他（她）喜欢的电

视节目，聊他（她）感兴趣的话题吗？（ ）

A. 从不

B. 有时

C. 经常

D. 总是

（6）孩子愿意跟你分享班级里、宿舍里发生的趣事吗？（ ）

A. 从不

B. 有时

C. 经常

D. 总是

（7）孩子愿意跟你倾诉自己的心事吗？（ ）

A. 从不

B. 有时

C. 经常

D. 总是

（8）不管工作或生活多么忙碌，你都会留一些时间给孩子吗？（ ）

A. 从不

B. 有时

C. 经常

D. 总是

（9）你希望孩子完全按照你的意愿或观念行事吗（如只与学习成绩优秀的同学交朋友）？（ ）

A. 总是

B. 经常

C. 有时

D. 从不

（10）你对孩子在一些事情中经历失败持什么态度？（ ）

A. 大声指责和讽刺

B. 无所谓

C. 有时觉得也不全是孩子的问题

D. 总是给予孩子理解和包容，并积极出谋划策

【评估参考】

选择A、B、C、D，依次得1分、2分、3分、4分。

总分31～40分：你积极乐观、情绪稳定，通常能以沉着的心态应对孩子在备考中出现的问题。亲子关系融洽。

总分16～30分：你的情绪基本稳定，虽容易因为孩子的学习成绩而担心着急，但多数情况下能克制自己。亲子关系一般。

总分15分以下：你容易因为孩子的考试成绩而产生情绪波动，有时甚至忍不住发脾气；习惯干涉孩子的生活，常为孩子的学业焦躁不安。亲子关系比较紧张，需要改进。

二、改进计划

表4.2　改进计划表

序号	我的收获	我的改进行动
例	要缓解孩子的升学压力，我自己要先调整好情绪，给孩子做良好的示范。	1. 不过多追问孩子的学习成绩。 2. 准备一块小白板，每天按事情的轻重缓急罗列出一天要完成的工作清单，让孩子看到我为完成工作清单而努力的积极状态。
1		

续表

序号	我的收获	我的改进行动
2		
3		

第五专题 如何给孩子上好情商课

高三的孩子在备战高考的过程中，有时会感觉不够自信，自我效能感低，学习状态不佳。他们渴望得到父母的理解与支持，渴望得到师长的关爱和朋友的关心，但也会因为把握不好恰当的方式和尺度而错过了最佳的表达时机，对人际交往中出现的问题采取消极的面对和处理方式。那么，我们从家长的角度出发，怎样帮助孩子才合适呢？

专题目标

1. 了解高三孩子常见的人际交往问题，运用恰当的策略与方法指导孩子走出人际关系的困惑与冲突。

2. 反思并调整自己与孩子的沟通模式，为孩子迎考营造良好的家庭氛围。

3. 引导孩子进行积极的自我暗示，增强自我价值感。

引导孩子处理好高三的人际关系

案例分析

案例一 宿舍风波

上高中后，小舍努力学习，成绩也较稳定。到了高三，他学习更是刻苦，每天早上第一个起床，早早就到教室学习，下晚自习后还留在教室里继续学习。而他的舍友常常直到深夜还在聊天，严重影响了小舍的休息。小舍多次与舍友沟通都无效，便将这一情况报告给班主任。此后，小舍与舍友经常因为一些琐事而发生争执，他与舍友的关系越来越糟糕。小舍因此心情不佳，学习也不在状态，面对即将到来的高考，他感到很烦躁。

进入高三后的小舍只顾学习，缺乏对人际关系的维护，缺乏与舍友的有效沟通，甚至与舍友发生冲突，这不仅影响了小舍的情绪，还影响了他的学习。

卡耐基说过："在与他人相处时，如果你是对的，就要试着温和地、有技巧地让对方同意你；如果你错了，就要迅速而真诚地承认错误，这样要比为自己争辩有效得多。"当我们承认差异、设身处地为对方着想，试着理解别人与自己的不同，不带情绪地去面对和处理问题时，沟通效果会更理想。

处理好人际关系是高三的孩子复习备考中十分重要的一环，我们可以参考下面的建议，帮助孩子建立良好融洽的宿舍关系。

（1）适当参与宿舍"卧谈会"

"卧谈会"是宿舍的一个重要活动项目。大家在教室学习了一天，晚上回到宿舍互说见闻，发表意见和看法，可以很好地放松身心。只要控制好“卧谈会”的时间和内容，不对他人进行人身攻击，“卧谈会”也能成为大家互相交流、互通情感的方式。

(2) 开好“宿舍会”

宿舍是孩子学习、生活和休息的重要场所。我们可以指导孩子定期针对宿舍存在的问题（如玩手机、打扑克、不按时就寝、舍友闹矛盾、宿舍卫生脏乱差等）进行讨论。大家各抒己见，提出可行的解决办法，达成一致后制订“宿舍公约”，宿舍成员都要严格遵守规定。多交流，才能消除矛盾、和谐共处，共同营造良好的宿舍氛围。

(3) 互相帮助

每个人都是社会的一员，在社会交往中我们与他人有着千丝万缕的联系。我们要让孩子明白，在别的同学有需要的时候，要尽己所能地为同学提供帮助；而在自己遇到困难时，也要学会主动寻求同学的帮助，这样同学之情才会更加深厚。

(4) 掌握人际沟通的技巧

注意自己的姿态和言谈举止，平和地与他人交流，对方才会更愿意接受自己的看法。要就事论事，客观地陈述问题，共同寻找解决问题的办法，分场合、分轻重，以友好的方式向他人表达建议。不要随意批评和指责他人，因为批评容易让人迅速启动各种心理防御机制，产生对批评者的反感情绪，从而导致双方关系紧张。

案例二　背后的“议论”

小义性格内向，内心敏感细腻，很在意别人对自己的看法。高三紧张的学习之余，她也渴望和同学融洽地相处，但她说话做事总有所顾忌，担心自己因为说错哪句话、做错哪件事而引起对方不愉快。就连多花点时间在学习上、多问老师几个问题，小义也担心同学看到了会说自己装模作样。别人不经意的一句话，她都感觉好像是在议论自己的不是。这样的想法对小义的学习生活造成了不小的困扰。

小义性格内向，容易把自己的猜想当作事实，过度在意他人的想法和行为。这类孩子过于谨慎，有些在旁人看来微不足道的小事，都会被他们无限放大，于是他们行事小心翼翼。小义渴望交朋友，希望得到他人的认可与接纳，但她在人际交往中始终处于一种被动的局面。若孩子面临这样的困扰，向我们求助，我们应该怎么回应呢?

美国社会学家、社会心理学家库利，美国社会心理学家沙赫特等人认为，个体进行社会交往是心理的需要，这种心理需要分为三个方面：本能需要、合群需要和自我肯定需要。美国社会心理学家舒茨也提出了人际关系三维理论，认为每个个体在人际互动过程中都有三种基本的需要，即包容需要、支配需要和情感需要。

我们在关注孩子学习的同时，也要注重孩子的人际交往需要。孩子的心理需求得到了满足后，其内心的舒适度也会得到提升，从而能以更愉悦的状态面对学习和生活。我们可以与孩子共同讨论人际交往的方法。

（1）恰当归因

消极、错误的归因会使孩子陷入自我否定、怨天尤人的误区，影响行为表现，进而影响到人际关系。我们要让孩子意识到不能一味地将他人的情绪归因到自己身上，也不能武断地把责任归咎于他人。

（2）把心放宽

不必过多揣摩别人的想法，真正的朋友是会理解和接纳自己的。我们要让孩子明白，当我们遇到困难时，朋友会给我们支持和帮助；而那些不喜欢我们的人，总能挑出我们各种各样的毛病。我们不可能和每个人都成为朋友，如果真的不是自己的过错，大可不必懊恼，要坦然面对，积极大方地与他人交往。

（3）对自己负责

高中的孩子十分渴望交到志趣相投的朋友。我们不能忽视孩子的情感需求，在帮助孩子改善人际关系的同时，也要培养孩子的责任担当意识，引导孩子学会为自己的言行负责。

案例三　情感掉线

女生小恋的父母常年在外打工，只有春节才能回家。小恋平时在班上不怎么说话，下课时也大多是在看书、做习题。一次课间，同班男生小爱在把篮球扔给同学时，不小心砸到了小恋，小恋的额头立刻出现了瘀青。班主任对小爱进行了批评，小爱的家长也对小恋进行了慰问。

这件事原本已经结束了，但是小爱出于愧疚，对小恋又是写纸条表达歉意，又是买小零食、小礼物给她。慢慢地，两人的交集多了，互相有了好感，经常有说有笑，一起去食堂用餐，一起在教室里学习。但在距离高考还有三个月左右时，小爱突然变得不爱搭理小恋。小恋很纳闷，是自己做错了什么，还是小爱只是为了专心备考？从那以后小恋上课就很难集中精力，满脑子想的都是他。有一天小恋终于忍不住了，直接找到小爱问个究竟。在那次深入谈话后，两人约定互相支持并全身心投入学习中，为共同的大学梦而奋斗。

高中孩子的性心理和性生理逐渐发育成熟，他们开始对异性存在朦胧的好感，这是一件自然而美好的事。但在高中阶段，双方情感基础不牢固，同时面对学业的压力，该如何平衡、如何把握，则需要孩子们学会自我调节。高中孩子恋爱是一个令很多家长感到非常头疼的问题，家长们往往不知该如何是好。

美国社会学家霍曼斯采用经济学的概念来解释人的社会行为，提出了社会交换理论。他指出，个体在进行社会交往时，不一定根据物质的绝对价值来估计，而与心理效价有关。这就是为什么在有些人看来根本不值得做的事情，却受到当事人的重视。在社会交换过程中，包含了深层的心理估价的问题。

高中孩子对异性产生好感，在与异性的人际交往中获得对方的赞许、肯定、支持等，在一定程度上可以满足其内心的渴望与情感上的需求。对于高三孩子间的异性交往，我们的应对方式应尽量以“稳”为主。我们可以参考以下四点做法，巧妙地帮助孩子处理情感上的问题。

（1）帮助高中的孩子改变对爱情的错觉

高中的孩子对恋爱抱有期待和憧憬是很正常的。正如案例三中的小恋，由于父母常年不在家，她希望从家庭获得的温暖、关爱和保护时常得不到满足，一旦在同龄人身上找到了慰藉，就很容易转移感情。由于高中孩子的心智尚未成熟，感情基础也不牢固，绝大多数孩子在面对恋爱中出现的问题时不能理智地分析和处理，从而影响正常的学习与生活。我们应该引导孩子正确认识恋爱，树立正确的恋爱观，使孩子明白好感不等于爱情，把爱情和友情区分开来。

（2）与孩子建立良好的亲子关系

我们虽然操劳生计，但也不能忽视与孩子的沟通与交流，可以在下班后或者周末跟孩子好好聊聊天，及时了解孩子的想法和心态，让孩子感受到家庭的温暖。

（3）一味干涉只会适得其反

当发现孩子的行为反常时，我们首先要调整心情，切忌打骂和强行干预。有的家长要求孩子与对方断绝联系，不允许双方有任何来往，要求换班甚至换学校，等等，这些做法看似为孩子好，其实否定了孩子的情感需求，容易导致孩子产生逆反心理，加剧亲子矛盾。我们还要认真反思自己做得不到位的地方，平心静气地与孩子聊聊恋爱的问题，引导孩子形成正确的恋爱观，让孩子学会对自己的行为负责。

（4）以“稳”为主

高三的孩子需要保持良好的学习心态。亲子关系良好，孩子才更愿意与家长交流。我们要关注孩子的言行，洞察孩子的变化，做到及早发现、及时沟通，让孩子保持正确的心态和清醒的头脑。对于还没开始恋爱的或是有恋爱倾向的孩子，要跟孩子分析情况，权衡利弊；对于已经恋爱的孩子，要告诉他们彼此要好好相处，互相鼓励备战高考，尽量不要闹矛盾，减少情感问题给学习带来的干扰。

了解孩子

与高一、高二年级的孩子相比，高三孩子的目标更清晰、信念更坚定，会把更多的时间和精力投入学习中，同时也会感到更大的压力。当压力大到一定程度时，人们容易出现情绪不稳定、脾气暴躁、敏感、多疑等现象。不少高三的孩子以自我为中心，缺乏人际交往的技巧与方法，稍处理不当就容易与他人产生矛盾与冲突。

高三的孩子生理发育和性意识趋于成熟，感情的重心逐渐偏向关系较好的朋友，渴望得到朋友的陪伴与帮助。他们的自我意识较强，不愿受他人约束，在与老师和家长相处时容易产生逆反心理。

那么，高中阶段孩子的恋爱情况如何呢？某研究机构对随机选取的146名在校高中生进行了恋爱观调查，结果显示，高中阶段孩子的恋爱现象具有普遍性，孩子在恋爱的不同阶段也会出现不同问题。对于“自己目前的恋爱情况”，表示正处于恋爱中的占9.2%，承认自己有过恋爱的占26.5%，希望自己有恋爱体验的占32.4%，还有31.9%的孩子表示自己未曾恋爱且对恋爱没兴趣。

由此可见，高中孩子的恋爱问题并不是个案，这是孩子生理和心理发展到一定阶段的标志，需要我们重视与积极引导。

实施指南

1. 调节自己的情绪，给孩子做榜样

在面临棘手的问题时，我们如果不能调节自己的情绪，就容易冲动行事。此时不妨采取积极的“暂停”模式，即当自己感到怒火无法控制时，立刻离开现场，到一个自己觉得舒适的地方冷静下来，然后再回来继续解决问题。我们可以在家里布置一个“暂停区”，自己在这里看书、听音乐、喝茶、闭目养神等；也可以只在心里设置这块“区域”，多做几次深呼吸，让自己从消极的情绪中抽离出来。同样，当孩子受情绪困扰时，我们可以建议孩子到“暂停区”放松心情。如果冷静后问题仍然没有得到解决，可以跟孩子一起商量解决问题的办法。不是所有出现的问题都需要被解决，有时积极的“暂停”就足以舒缓孩子的情绪，让孩子恢复自信心，从而能够为后续的学习和生活而努力。

2. 教会孩子多角度思考，一分为二看问题

对于同一件事情，我们往往可以从不同角度看待。比如舍友喜欢在就寝时聊天，孩子觉得影响了自己的休息，但是换一个角度思考，宿舍的“卧谈会”可以加强同学之间的交流、促进彼此思维的碰撞，从而建立良好而深厚的同学情谊。只不过在卧谈时间方面，需要大家做一个明确的约定，共同遵守。当我们进行多角度的思考后，很多问题就不再是问题，对方也会感觉自己受到尊重，从而更愿意做出相应的改变。

3. 帮助孩子掌握必要的人际交往策略和方法，提高社交自信心

人际交往存在障碍的孩子，有时只是缺少最开始的一步。我们要鼓励孩子“你可以做到的”，引导孩子从微笑开始，向老师、同学问好，适度夸奖他人，寻找彼此的共同话题，鼓励孩子放心大胆、积极主动地与他人交流。我们可以告诉孩子，如果想获得理解，就要表达自己的真实想法；如果渴望在人际交往中收获温暖，就要表达对他人的信任。人际交往是双向的，需要在不断的尝试中进行反省、积累、总结和提升。作为家长，我们要学会全面客观地分析，用发展的眼光看待孩子，帮助孩子发现他（她）的闪光点。同时也看找到孩子的缺点和弱项，帮助孩子提升人际交往能力，增强自信心。

4. 细心观察孩子的言行，了解孩子的心理动态

我们会发现，有时孩子放学回到家后就把自己关在房间里，要么一句话也不说，要么动辄发脾气。此时我们要做的是，处理好自己的情绪，给予孩子充分表达和发泄的机会，多倾听孩子内心的想法，帮助孩子发现问题，与孩子一起解决困难。另外，我们还要和孩子的班主任保持联系，及时了解孩子在学校的表现、与他人的相处等情况，这样才能有针对性地教育和帮助孩子。

为孩子迎考营造良好的家庭氛围

案例分析

案例一 乌烟瘴气的家庭环境

处在紧张的高三备考阶段的小境走进了学校的心理咨询室。他垂头丧气、心情低落，内心充满了焦虑与无奈。他的爸爸长期待业在家，无所事事，隔三岔五就叫上朋友到家里喝酒、猜码、打牌，搞得整个家乌烟瘴气。妈妈的劝阻不但没有效果，反而还会招来脾气暴躁的爸爸的驳斥，家庭关系十分紧张。“我非常向往大学的生活，很想好好备考，可是我的家不像家。”小境说，“我没办法安心学习，心好累。我的成绩下降了这么多，我不敢面对关心我的老师和同学。我不想来学校，也不想回家。”

家是孩子休息的场所、情感的栖息地、心灵的港湾，良好的家庭环境对孩子的学习、生活和成长非常重要。乌烟瘴气的家庭环境会干扰孩子的学习，影响孩子的情绪。我们是否反思过，孩子在学习的时候，我们在干什么？我们应该怎样为孩子创设一个良好的迎考氛围呢？

（1）为孩子创造安静整洁的家庭环境

我们在开展自己喜欢的活动时，要分时间、分场合，务必不能影响到孩子的学习。

（2）指导孩子做好个人物品的归类与整理

书桌上除必需的学习用品外，不建议摆放小玩偶、食品等可能会分散孩子学习注意力的物件。如果孩子平时住校，也可以这样指导孩子归类整理课桌和宿舍物品，减少外界的干扰，专心投入学习。

（3）做好家庭功能区域的划分

家中的学习区、休闲区、运动区、餐饮区等各功能区域尽量独立。区域划分能帮助孩子迅速进入状态，在相应的功能区域专心做相应的事情，从而提升学习效率。

案例二　掌握喜怒哀乐的成绩单

到了高三，每月一大考、每周一小测的节奏让小雨应接不暇，她的成绩虽然起伏不定，但也还能保持在预测的本科线上。老师们都很看好她，觉得她是冲击“一本”的目标生。小雨的成绩单往往能决定她的心情。成绩进步时，妈妈会夸奖几句，“都说了，多花点时间在学习上，肯定会有进步的，继续努力，争取下次考试再有突破”；但多数情况下，妈妈看到成绩单时会眉头紧锁：“连这道题都做错，你脑子里在想什么？”“你也太粗心了吧！”“平时让你多背背，多背背，你看！成绩又降了！”“唉，你这个成绩，怎么上大学？”……面对妈妈的质疑和指责，小雨的情绪状态越来越糟糕，开始怀疑自己、怀疑人生、害怕考试，时不时以“身体不适”为由请假休养。小雨对自己的未来感到十分迷茫。

高三孩子的学业压力普遍较大，他们的心理压力大多来自家长。小雨的妈妈关注小雨的成绩，却没有对其客观地评价，也没有肯定孩子努力的过程，造成小雨内心极大的挫败感。孩子如果开始消极面对、自我否定，产生严重的负面情绪和逃避行为，又没有及时得到积极的教育和疏导，可能会向更糟糕的方向发展。

良好的家庭情感氛围对高三的孩子来说非常重要。家庭的情感氛围是指家庭成员之间的气氛，是一种精神环境。研究表明，人们取得的成就最多只有 20% 取决于智商，80% 则受其他因素的影响。当孩子成绩下滑时，我们不要埋怨孩子；当孩子伤心难过时，我们只需要静静地陪在孩子身边；当孩子迷茫无助时，我们真诚地与孩子一起寻找问题的突破口……家庭的尊重与理解、温暖与包容、和谐与幸福等良好的情感氛围，会对孩子进入良好的备考状态有所帮助。因此，我们要创造让孩子舒适的家庭情感氛围，让孩子自在学习、快乐逐梦。

《道德经》的核心思想是“无为而治”。“无为”并不是放任不管、不作为，而是顺其自然、顺势而为。放在家庭也是同样的道理。我们为了孩子操碎了心，有时看到孩子表现出的一些让自己不满意、不顺心的地方就忍不住唠叨，认为多说、多管、多教育，孩子就会向好的方向发展，但结果往往与我们的初衷背道而驰。到了高三孩子的自我意识不断增强，我们可以在很多事情上适当放手，放心地让孩子自主掌握，以顺其自然的状态面对孩子，反而会收获意想不到的效果。

了解孩子

高强度的学习使高三的孩子比其他年级的孩子更为敏感和脆弱。他们渴望回家后在放松的环境里卸下沉重的负担，感受家人的关爱和家庭的温馨氛围，得到家人的支持、鼓励和安慰。对于孩子的要求，只要是合理的，我们就可以适当地满足。比如，在高强度地学习了一段时间后，孩子想尽情地唱几首歌，我们应该支持孩子放松心情，劳逸结合才能达到最佳的学习效果。

实施指南

良好的家庭氛围有利于促进亲子沟通，调动孩子学习的内驱力。我们应该努力为孩子创建安静有序、温暖和睦、民主平等、宽松自主的家庭氛围。

1. 接纳，缓和紧张的气氛

家庭成员之间产生抱怨或冲突时，不必非得分清对错和责任，不妨先放下指责，用“你现在遇到了什么麻烦”“你需要我的帮忙吗”等话语来缓和矛盾。接纳矛盾，允许负面情绪的宣泄，彼此信任和支持，既有助于稳定和安抚孩子的情绪，也可以促进亲子间思维的碰撞和沟通。

2. 守界，把握与孩子相处的分寸

孩子在备考过程中有自己的想法，我们不必事无巨细地替孩子包办一切。作为“大后方”，我们应该先处理好自己的情绪，再想办法处理孩子的问题，不要让孩子承担家长的情绪，而要让孩子感受到自己被理解和被支持。当孩子的成绩没达到预期时，有的家长会操之过急，阻止孩子参加一切文体活动，把每一天的空当都排满学习任务，但这样的学习往往是低效的。我们更应该做的是为孩子提供稳固的后勤保障，在生活上满足孩子的日常所需，在精神上肯定孩子的努力和付出。孩子处于包容的环境时，才更愿意主动思考并做出改变。

3. 回归，找回学习和生活的常态

我们要取消对高三孩子的种种“特殊待遇”，帮助孩子保持平常心，以轻松的心情迎接考试。可以与孩子一起阅读，分享时事热点，周末时还可以一起散散步、打打球、看电影、尝美食，帮助孩子激发身体能量，增强大脑的活力，保持良好的学习状态。

4. 信任，给予孩子充分的自主选择权

我们要改变固有认知，在期待值方面不做过多预设。有的孩子学习基础较差，也没有上大学的意愿；有的孩子成绩较好，有自己的想法和梦想。我们要耐心倾听孩子对大学、对专业、对未来的思考，因为孩子对高考后的选择、对未来的规划等问题的分析很有可能比我们想象中的还要深入。他们平时会咨询老师、与同学交流、上网搜索相关信息，我们要相信孩子，给予孩子更多的话语权和选择权。为了与孩子的思想接轨，更好地指导孩子，我们也需要多学习，做多手准备，从而成为孩子强大的依靠。

引导孩子发现高压下的自我价值

案例分析

案例一 过度看重考试

在高三“一模”考前一周，小极突然感冒发烧，头疼和身体乏力使他很难集中注意力学习，导致他在考试中发挥失常，成绩很不理想。现在“二模”即将来临，即使没有生病，小极也无法安心学习，担心成绩又会下降，总觉得这样下去就考不上好大学了。小极想通过高考改变命运，改变家庭经济状况，但一想到考不上好大学就很难找到好工作，也就没有能力让父母安享晚年，他就焦虑万分。

小极由于一次考试成绩不理想，就出现了连锁反应，害怕高考也考不好，甚至无法让父母安享晚年。实际上，一次考试的结果与能否在下一次及以后的考试中考好是没有必然联系的。

自我价值理论里包含着“我必须成功，这样才是有价值的”“我必须成功，才会被别人喜欢”等偏执的信念。我们可以指导孩子用表格的形式来记录想法，帮助孩子改变不合理信念。（见表 5.1）

表 5.1 事件与信念记录表

应激事件 / 触发事件	自动化思维（不合理信念）	替代的想法
例：孩子感冒发烧，在模拟考中发挥失常，成绩不理想。	例："我必须考上大学，才能找到好工作。"	例："就算我没有考上大学，在今后的发展上我仍然有很多可能性，我也可以找到好工作。"

我们可以通过提问，让孩子与不合理信念"辩论"。例如，我们可以开导孩子："'一模'没考好，就意味着高考肯定也考不好吗？""高考失利就没有其他走向成功的途径了吗？"在帮助孩子在辩论的过程中意识到自己思考问题的片面性，启发孩子多角度思考，并主动逐步加以矫正。当孩子能够改变不合理信念时，这种自我妨碍就会慢慢消失。

案例二 我是"废物"

学校领导在巡视高三教学工作时，发现小五正在教室里使用手机，于是对小五进行批评教育。小五不但不听，反而出言不逊，还说自己就是个废物，不是学习的料，上课听不懂，作业不会做，成绩好坏根本无所谓。他觉得自己以后做什么工作都可以，反正父母早出晚归都不顾家，自己也不需要任何人的管教。

小五存在不愿努力、逃避失败、低自尊等一系列问题。美国教育心理学家科温顿在自我价值理论中指出，学习动机的核心是逃避失败以维护自我价值。有能力的人往往更容易成功，而成功又能提升人的自尊，使人产生更高的自我价值感；而能力不足的人更容易失败，有损自尊，降低自我价值感。

成绩、地位和物质不等同于自我价值。自我价值是指个体对自身重要性价值的主观感受，反映一个人对自己的悦纳程度。我们可以从帮助孩子获得自尊和自信方面着手，让孩子发现自身的闪光点，鼓励孩子多做、做好，并适时给予肯定。对高三的孩子，我们更不能着急，应该多给孩子尝试的机会，根据孩子的实际情况调整对孩子的期望值，帮助孩子看到自己的成功之处。基础较差、学习成绩不佳的孩子更是需要被鼓励，我们可以这样安慰孩子，“你有很大的进步空间，只要稍加努力，就一定会有所突破”，“有些内容听不懂，有些题想不明白，这是很正常的。我们要加强练习，多做基础题，多做考过、讲过的题，学习上有所取舍。相信自己，坚持住，你一定能行”，等等。

案例三　恐惧考试

小向和小阳是好朋友。小阳活泼开朗，积极乐观，学习成绩优异，非常受同学的欢迎。小向平时成绩和小阳差不多，但一到考试就紧张，担心考不好，甚至莫名出现身体不适，导致考试时常常不在状态，成绩也总是不能让自己满意。在交流中，小向发现自己与小阳最大的区别就是，小阳遇到困难时能够保持积极的心态，用积极的信念鼓励自己不断前进。

心态往往能决定考试状态。面对考试，小向很紧张，担心考不好，内心的潜台词是“我还有很多知识没掌握，我训练得还不够，我能力不行”。而小阳成功的精神力量来自积极的心态，即内心对好结果的希望，这就是积极的自我心理暗示。

自我价值是一种主观认知，反映了一个人对自己的重视程度。自我暗示对人的心理和行为具有导向作用，会对行为产生或积极或消极的影响。因此，我们要帮助孩子培养积极的自我心理暗示。当孩子遇到困难想放弃时，我们要引导孩子保持积极的心态，用“我相信，我可以”“我做不到的，别人也未必能做好”“一定有办法解决的”等积极的想法鼓励自己，让自己在坚定的信念中克服困难，不断前进。

了解孩子

在高考备考过程中，孩子的心理状态大致会经历以下几个阶段，每一个阶段都有其特点。

（1）第一阶段：激情期

8—11 月是孩子的“激情期”，这时孩子表现为积极、勤奋、努力、投入、充满信心。

（2）第二阶段：疲劳烦躁期

12 月至次年 1 月是孩子的“疲劳烦躁期”，这时孩子表现为身心疲惫、情绪低落、心情烦躁。

（3）第三阶段：否定怀疑期

3 月，在二轮复习中，有些孩子的成绩有较大提高，他们会更有信心投入学习中；也有一些孩子付出了努力但成绩仍然没有达到自己的预期。后一种情况的孩子可能会因此对自己产生怀疑，没有把握考上大学，对未来茫然无措。

（4）第四阶段：恐惧焦虑期

5 月，离高考的时间越来越近，绝大多数孩子会或多或少地产生恐惧和焦虑心理。

实施指南

1. 看到孩子的努力，肯定孩子的进步

我们要及时给予孩子鼓励、信任和稳固的家庭支持；帮助孩子树立责任意识、培养担当能力，鼓励孩子不要松懈，更不要逃避，把高三的辛勤付出当作锻炼自己能力的机会。

2. 不要拿孩子和别人进行简单对比

将孩子与他人进行简单对比，容易让孩子做出过低的自我评价，阻碍孩子看到自己的潜力。我们要相信自己的孩子是独一无二的，他（她）的人生就是他（她）最有价值的经历。

3. 尊重孩子的选择

我们可以先参考孩子的兴趣来确定孩子大致的发展方向，然后根据孩子的优势寻找合适的专业，再根据孩子的特长和性格寻找适合的职业。想要让孩子向阳生长，父母就要给予孩子阳光和空间，积极引导并尊重孩子的选择。

4. 与孩子进行有效的沟通

美国著名的心理治疗师和家庭治疗师维吉尼亚·萨提亚提出了沟通方式的几种类型。

（1）指责型

在乎自己，在乎情境，忽略他人。有些家长总是用否定、命令的语气来教育孩子，如“你的表姐当年成绩有多优秀啊！现在工作既轻松，又能赚钱。你看看你的成绩，还能考上大学吗？真是丢尽了我的脸。快写作业，十点半前必须完成，然后背单词”等。

（2）讨好型

忽略自己，在乎情境，在乎他人。有些家长为了得到孩子的认同，总是唯唯诺诺，用讨好的语气来沟通，如“如果你实在学不下去就不学了吧，爸爸妈妈会养你的”等。

（3）超理智型

忽略自己，在乎情境，忽略他人。有些家长在跟孩子沟通时总是争辩、说理，力图说服孩子认同自己的想法，如“新能源专业的就业前景很不错，这是你最好的选择”等。超理智型的家长会引用大量的数据，从国家扶持力度、毕业生就业去向、工资待遇等方面证明自己的说法是正确的，唯独没有考虑孩子的实际能力、需要和想法。

（4）打岔型

忽略自己，忽略情境，在乎他人。有些家长为了逃避压力，采用不沟通策略。比如，爸爸要求儿子必须和女朋友分手，儿子则认为他们之间没有发生过于亲密的行为，只是在情感和学习上互相支持，因此不愿意与女朋友分手；在一旁的妈妈不发表自己对这件事的看法，但时不时打岔，转移话题："来！尝尝这道红烧肉的味道怎么样""妈妈发现有几双球鞋挺适合你，你看看更喜欢哪一双"。

在与人沟通时，内在和谐宁静、外在专注放松，保持内外一致，是最健康的姿态，即在乎自己、在乎情境、在乎他人。如果心里有某种想法或期待，应积极地进行表达。我们要学会在自我察觉与反思中做出调整，与孩子进行有效的沟通，这样不仅能在维护稳定和谐的家庭关系，还能帮助孩子提升自我价值感。

延伸拓展

一、阅读推荐

> >> 1.《做最好的家长》(著者：李镇西；出版单位：漓江出版社)

本书是一本别具特色的家庭教育专著。作者以自己对女儿的教育为案例，从不同方面对家庭教育进行了详细的阐述，包括启蒙教育（好习惯的培养、善良人格的塑造），青春期教育（学习方法的指导、坚强意志的磨炼、"代沟"的超越、读书习惯的养成、传统文化的熏陶、宽广胸襟的拓展、高三冲刺阶段的观照），等等，为家长在孩子各阶段的教育提供了丰富的案例和具体的操作模式。

> >> 2.《做人的艺术》(著者：望月；出版单位：中国致公出版社)

本书从现实中取材，论述了如何为人处世、如何交友、如何面对职场生涯、如何调控好自己的情绪、如何克服困难等问题。

二、视频推荐

《重振球风》（美国电影）

本片根据真实事件改编，讲述了一位少年收容所管理员把问题少年们组成一支美式橄榄球队，让孩子们在竞技比赛的过程中认识到社会责任的故事。

评估改进

一、自我评估

测测你是否了解孩子的人际关系状况。

（1）和一大群人在一起时，孩子是否会沉默寡言？

（2）当一件事情没有做好时，孩子是否会抱怨合作者？

（3）孩子是否经常拿别人开玩笑？

（4）孩子是否经常指出别人的不足并要求对方改进？

（5）当朋友遇到困难时，孩子是否会主动提供帮助？

（6）孩子做错事时，是否会主动承认错误？

【评估参考】

（1）～（4）题为反向题，回答“是”的需要帮助孩子进行调整；（5）～（6）题为正向题，回答“否”的需要帮助孩子进行调整。

二、改进计划

表 5.2 改进计划表

序号	我的收获	我的行动改进
例	高中孩子的心理和生理逐渐发育成熟，他们对异性存在好感、渴望与异性接触，这些是正常的现象。	1. 阅读高中生恋爱心理方面的书籍，尝试理解孩子的行为。 2. 与孩子平等交流，讨论如何做到高三时与异性正常交往。引导孩子做出对自己负责任的选择，不逼迫孩子。 3. 多关爱孩子，满足孩子情感的需求。
1		
2		
3		

第六专题 如何与孩子一起做好走向大学的准备

高三备考期间，住校的孩子一般过的都是宿舍、教室、食堂“三点一线”的生活，埋头苦学、反复考试、日夜做题……时刻处于高度紧张的状态。而高考后，孩子紧绷的神经就会突然得到放松，“狂欢放纵期”和“忐忑不安期”伴随而来。高考成绩公布后，对成绩满意的孩子可能会进入“无所事事期”，而心有不甘的孩子则可能陷入“抑郁封闭期”。进入大学以后，还有不少孩子会遭遇“水土不服期”……这些都是典型的“后高考”时期特征。

高考结束不意味着可以彻底“放飞自我”，而意味着更独立的人生之路的开始。在这段人生新征程上，我们应该给予孩子什么样的帮助呢？

专题目标

1. 了解“考后综合征”的种种表现，采取相应措施陪伴孩子度过“后高考”时期。

2. 了解生涯规划的相关知识，协助孩子制订大学学业生涯规划。

3. 了解孩子在初入大学时可能遇到的问题，指导孩子适应大学新生活。

陪伴孩子度过“后高考”时期

在孩子高考备考期间，你是否会用“高考结束就解放了”“上了大学你就自由了”之类的话语来“鼓励”孩子坚持下去？

高考终会结束，但人生处处都是考场。如何度过“后高考”时期，对孩子来说也是一场“考试”。只不过，这场“考试”考查的是孩子对未来的自觉性、对行为的自律性，以及对生活的主动性。

案例分析

案例一　考后放纵过度

重庆某派出所民警在步行街巡逻执勤时，发现一名男生醉酒躺在路边。原来，该男生高考结束后与同学在KTV聚会庆祝，一时高兴，喝了3瓶啤酒，最终不胜酒力，倒地不起。民警随即将他扶到路边，助其醒酒后才离开。

山东某地学生高考后在烧烤店聚餐，因与同学发生口角打架，导致骨折，报军校的愿望落空。

高考结束后，一名女孩和闺密相约去网吧玩游戏，连续玩了17小时因后体力不支而晕倒。

34名刚参加完高考的学生组队到深山游玩，在下山途中不慎迷路，被困7小时后获救。

每年高考后，总会有一些孩子一时无法适应突然从紧绷的生活中卸下包袱的骤变。高考后适度放松无可非议，但缺少自控力的孩子容易将

"放松"理解成"放纵"，从而导致各种意外频发。

案例二　考后落差感大

小晴的学习成绩一直很优异，中考时考上了全市示范性高中。到高中报到后，她特地穿着新校服到初中就读的学校去了一次，老师还把她当作优秀学姐介绍给学弟学妹，请她分享经验。在高中，小晴的成绩依然比较稳定，按照这个势头，考上重点大学不成问题。但没想到，她在高考时发挥失常，勉强考上了一所普通的大学，这个结果让她自己和家人都无法接受。

高考的失利让小晴非常伤心，她感觉自己未来没有希望了，觉得自己做什么都做不好，每天都闷闷不乐。她爸爸觉得一直引以为豪的女儿让自己丢了脸，不但没有安慰女儿，反而用带着讥讽的口吻说："这下你怎么不戴着大学校徽回高中去走一走？"爸爸的话让小晴更难过了，她总是把自己关在房间里，茶饭不思。

高考是影响孩子人生方向的重大考试，会对孩子的身心造成巨大的压力。大多数孩子考试结束后会逐渐放松心态，但也有一些孩子仍然保持着紧张状态，无法释放长时间积累的压力。这些压力大部分来自孩子本身，也有一部分来自家庭和社会。

了解孩子

考试焦虑不一定会随着高考的结束而消失。如果考前的焦虑在考后仍未得到合理的释放，孩子就有可能患上"考后综合征"。

"考后综合征"是指在重大考试结束后，一些考生因为考试本身和考试前后生活环境骤变而出现的身心障碍和不良行为表现。

（1）在行为上，一般表现为补偿式的放纵，想要把高三一年放弃的欢乐加倍补偿回来，包括：①作息混乱。孩子在高三时的饮食、睡眠和运动已形成规律，而考后的生物钟发生急剧变化，规律的作息习惯突然被打乱，孩子的免疫力可能会降低。②饮食不当。有的孩子高考后频繁参加各种聚餐，暴饮暴食；有的孩子因作息不规律而不吃早饭，或是三餐不再按时、定量。饮食不规律也不利于孩子的身体健康。③懒于运动。平时没有运动习惯的孩子，一旦失去了老师的监管和集体的督促，在假期很可能会变成“宅家一族”。长期缺乏运动会导致人的心肺功能降低、肠胃蠕动减慢，从而使人食欲不振、精神状态欠佳、体重增加，还会使大脑供血不足，出现记忆力减退的问题。

（2）在心理上，一般表现为抑郁、自闭等症状。有的孩子因考得不理想而出现失望、恐惧、焦虑等情绪，表现为拒绝估分、坐立不安、紧张烦躁、情绪低落、精神萎靡、寡言少语等。如果家长任由孩子的抑郁和焦虑情绪发展，孩子很有可能会产生消极厌世的心理倾向，甚至做出危险行为。有的孩子将高考失利的原因完全归结于自己“笨”“不中用”“没出息”等，悲观低落、自我封闭、拒绝沟通，产生强烈的自卑感和孤独感，他们往往会不自信、不开心，不愿意参加母校的聚会，不愿意回答老师和家长的询问。在高考前得到的关怀，在考后却变成了这些孩子的心理负担，他们感到愧对老师和家长，愧对学校，愧对社会。

此外，我们还要警惕孩子在暑假里出现“暑期滑坡”情况。“暑期滑坡”又称“暑期学习损失”，是指孩子在暑期由于荒疏学习而出现学习能力骤降的现象。制订学习计划、提前了解心仪专业的相关知识等方式可以较好地避免“暑期滑坡”。

在暑假里，孩子的视野会逐渐从学校转移到社会，不少孩子会选择参加兼职。兼职是让孩子提前与社会接轨的重要一步，孩子可以通过兼职赚取合法收入，结识新朋友，积累社会经验，初解人生百态。我们也可以鼓励孩子重拾由于高三学习压力大而暂时放弃的兴趣爱好，让孩子的假期生活更加丰富多彩。

实施指南

即使高考结束，我们也要关注孩子身心健康状况，多与孩子交流，觉察孩子可能出现的问题，引导孩子顺利度过“后高考”时期。

1. 做好安全教育

在高考后的暑期，孩子脱离了学校管理，有可能遇到各种安全问题。我们要重视对孩子的安全教育。

（1）防溺水

暑假天气炎热，孩子有很大可能近水嬉戏。我们要提醒孩子不要接近无安全设施、无救援人员的水域，不要到不熟悉的水域游泳。遇到有人溺水时，若不熟悉水性，切勿擅自下水施救，应立即寻求专业人士帮助。

（2）出行安全

高考后的暑假，孩子可能会暂时离家，与同学朋友结伴旅行。对此，我们要提醒孩子选择有资质的旅行社，对于非常规的旅行路线要有充分的风险意识。已成年的孩子也有可能考取驾照，我们要提醒孩子在拿到驾照后，驾车出行时要做到文明驾驶，不闯红灯、不逆向行驶、不超速驾驶、不酒后驾驶。

（3）人身财产安全

在孩子外出活动时，我们要做到“四知”：知去向、知同伴、知归时、知内容。我们应告诉孩子在遇到敲诈勒索、拦路抢劫等情况时，最重要的是保证自身安全，及时告知父母或拨打报警电话。

（4）网络安全

我们要教育孩子文明上网，不信谣、不传谣，谨防各种以招生培训或社会兼职等内容为幌子的电信诈骗和网络贷款。

2. 保障孩子的身心健康

高考结束后，随着查分时间的临近，孩子可能会开始紧张和不安。我们要注意在这个阶段的孩子可能会出现的异常状况，并进行合理疏导。

（1）督促孩子规律作息

我们在让孩子放松身心的同时，也要督促孩子列出规律的作息时间表，避免出现日夜颠倒的情况。可以带孩子郊游，呼吸新鲜空气，缓解孩子长期积累的疲劳；还可以鼓励孩子出门参加一些他感兴趣的活动，如回母校参加志愿服务、逛逛书店、与好友聚会等，丰富精神世界。

（2）督促孩子正常饮食

我们要督促孩子规律饮食、健康饮食。《普通高等学校学生管理规定》第十一条要求，“学生入学后，学校应当在 3 个月内按照国家招生规定进行复查”，复查内容之一为“身心健康状况是否符合报考专业或者专业类别体检要求，能否保证在校正常学习、生活”。我们必须坚决制止孩子吸烟、酗酒等行为。如果孩子报考的是军校或体育等对身体条件有要求的专业，更应小心谨慎。

（3）鼓励孩子坚持运动

我们可以陪孩子一起参加户外运动，或鼓励孩子发展其运动特长，支持孩子学习他感兴趣的运动项目。可以准备一些简单的运动用品，如跳绳、哑铃、球拍、瑜伽垫等，和孩子一起运动，促进亲子关系和谐。

高考后，孩子如果出现心理困扰，我们必须给予孩子足够的耐心，帮助孩子度过这个特殊的时期。

（1）提前“备课”

我们要改变“一考定终身”的错误观念，保持良好的心态，对高考和高考成绩有理性的认识，不能因孩子成绩不好而斥责、打骂。我们应了解常见心理症状的表现，注意观察孩子的行为举止，确保能及时发现孩子的异常情绪；理解孩子的情绪波动，为孩子营造温馨包容的家庭气氛。

（2）做好预案

孩子参加高考，必然有“超常发挥”“正常发挥”“发挥失常”几种可能。对每种情况（尤其是“发挥失常”），我们都要做好相应的应对方案，如注意与孩子对话的技巧、准备舒缓的音乐、倾听孩子的心声、鼓励孩子发展兴趣爱好等，以适度转移孩子注意力。待孩子平复情绪后，再与孩子一起分析：如果是偶然因素导致的发挥失常，可以考虑复读；如果是期望太高，就要考虑适当降低目标。

（3）寻找外援

我们要做好心理准备，不要过多询问孩子有关高考成绩的问题。当孩子出现心理问题时，我们既不要冷漠无视，也不要忧心忡忡，以免给孩子施加过大的压力。我们可以联系孩子平时要好的朋友和信任的老师，请求他们的帮助，必要时可以请学校心理老师或专业医生介入。

3. 合理约束孩子的行为举止

（1）指导孩子合理消费

高考后是孩子消费的高峰期，如毕业旅行、添置大学所需的学习和生活用品等。对于孩子的消费需求，我们可以从以下几个角度与孩子协商：一是必须在家庭能力范围内消费。不能因一味追求名牌而超出自己的消费能力，更不能透支消费，谨防网络贷款陷阱。二是有所取舍。在限制总额的情况下，我们可以指导孩子对非必需性消费进行合理取舍。三是合群。了解孩子同学的平均消费水平，在家庭经济条件许可的情况下，不宜太过低于平均水平。四是树立劳动光荣的思想。不能让孩子把坐享其成当成理所当然，鼓励孩子在暑假体验社会生活，明白赚钱的不易。

（2）与孩子约定行为底线

我们要帮助孩子把握好“放松”与“放纵”的尺度，与孩子约定行为底线。明确告诉孩子什么地方能去，什么地方不能去；要去的地方可能存在什么风险；哪些事情不能越界；遇到问题时应该如何应对，可以向谁求助；等等。还要提醒孩子注意远离封建迷信活动和邪教活动。

4. 指导孩子利用假期为大学生活做好准备

假期是孩子自我增值的黄金时段。在高考后的假期，我们要激发孩子的学习动力，指导孩子合理安排假期的学习和生活，为全新的大学生活打下良好的基础。

（1）做好大学规划，明确学习目标

此部分内容将在下一小节中做详细介绍。

（2）经营人际关系，建立新朋友圈

我们要鼓励孩子结识一些在同一座城市或同一所大学的优秀的学长。除了开学、放假时可以结伴出行，还可以了解他们的大学经历，为即将开启的大学生活提供借鉴。同一所大学的学长学姐还能为孩子提供关于大学生活的信息，如学校的设备设施、制度要求、入学考核等。许多大学招生办还会组建新生交流社群，我们可以建议孩子有选择地加入。如果条件允许，我们还可以带孩子提前到大学所在的城市感受氛围，为步入大学做准备。

（3）参照大学要求，提前预习课程

当孩子确定被录取的大学和专业后，我们就可以和孩子一起着手了解相关的学业要求了。

在大学，孩子需要掌握的知识体系包括通识类知识、学科基础知识和专业知识等。通识类知识包括外语等工具类知识、哲学等人文社会科学类知识，以及高等数学等自然科学类知识。学科基础知识和专业知识则因专业而定，如在《普通高等学校本科专业类教学质量国家标准》中，土木类道路桥梁与渡河工程专业核心课程体系示例的理论课程包括理论力学、材料力学、结构力学、工程弹性力学、土质学与土力学、道路工程材料、工程地质、交通土建制图、测量学、工程经济与管理、水力学与桥涵水文、基础工程、结构设计原理等。

对于外语、计算机这样的通识类课程，孩子很容易可以找到学习资源。专业课方面，可以购买教科书，再结合在线课程进行自学。

另外，我国终身教育体系中还有一系列非学历证书考试，分为国内社会证书考试和海外考试两种类型。国内社会证书考试有全国大学英语四/六级考试（CET）、全国英语等级考试（PETS）、全国外语水平考试（WSK）、全国计算机等级考试（NCRE）、全国计算机应用水平考试（NIT）等，海外考试有美国研究生入学考试（GRE）、托福考试（TOEFL）、雅思考试（IELTS）、德福考试（TestDaF）、日本语能力测试（JLPT）、韩国语能力考试（TOPIK）、法语学习文凭和高级法语文凭考试（DELF-DALF）、对外西班牙语水平证书考试（DELE）、巴西葡萄牙语考试（GELPE-BRAS）、剑桥商务英语证书考试（BEC）等。我们可以和孩子商量，根据生涯规划按需选择。

（4）参加社会实践，丰富工作经验

我们可以鼓励孩子接触社会，并为孩子暑期兼职把好关。

首先，要把好安全关，排除兼职陷阱。提醒孩子留心招聘信息背后隐藏的收费项目；留意招聘单位是否有营业执照等相关证件；选择正规的平台，对收费中介保持警惕；等等。不要轻易让孩子离家到外地兼职。如果孩子在社会实践中遇到了问题，要支持孩子通过正当渠道维权。

其次，要考虑如何利用暑期兼职的机会为孩子的生涯发展加分。如条件允许，我们可以为孩子介绍与孩子专业相关的实习机会，让孩子感受职业氛围。例如，新闻学类的专业实训主要有新闻摄影、新闻采访与写作、报纸版面编辑与设计、融合新闻创作、社会调查等，网络与新媒体专业的专业实训主要有网络设计与制作、数字多媒体作品创作、非线性编辑、融合新闻作品创作、新媒体数据分析与应用、新媒体产品设计与项目管理等。孩子提前接触与专业相关的工作，可以为后续的学科学习打下理论和实践基础。

另外，我们还可以鼓励孩子参加公益活动和志愿服务等，培养孩子的社会责任感，为其将来适应社会做好准备。

（5）发展爱好特长，打造个人形象

孩子的爱好特长可以分为目的性与非目的性，也可以分为展示型与内秀型。对目的性特长，我们应该大力支持；非目的性的爱好，如对专业有帮助的美术特长和摄影特长等，对孩子的升学或就业也许没有直接帮助，却有可能是孩子的心灵支柱，只要合法合理，我们也应该积极地予以认可和支持。另外，我们还要注意孩子是否具有展示型的爱好特长，如形体、朗诵、声乐等比较适合舞台展示的特长，可帮助孩子在大学新生见面时快速建立个人形象。

（6）学习生活技能，提高综合素质

为了让孩子在高三时能专心备考，学校和家长会为孩子操办大多数生活事项，孩子没有太多机会锻炼自理能力。因此，我们要把握好高考后的暑期，给孩子补上独立生活这一课。孩子除了需要掌握和巩固基本生活技能，还可以进一步学习烹饪、烘焙、茶艺、花艺、缝纫等能提高生活幸福感的技能。对于年满 18 周岁的孩子，考取驾照也是一个不错的选择。

此外，我们还要注意培养孩子的心理社会能力。心理社会能力是个体保持良好的心理状态、有效应对日常生活中的需求和挑战的能力，也是在与他人、社会和环境的相互关系中表现出适应性和积极行为的能力，如情绪调节能力、交流能力、协作能力等。掌握一定的心理社会能力，对孩子维持健康的心态和稳定的情绪有着重要作用。

引导孩子规划大学生活

我们陪伴孩子度过了幼升小、小升初、初升高的关键时期。现在，我们将要指导孩子面对下一个关键衔接点：从高中到大学的过渡。

幼儿园、小学、初中、高中，每一个学段都具有衔接性，但这些学段的改变并没有改变孩子生活的核心——学习。即使孩子步入大学，他们的生活核心也还是学习，只是这个阶段的学习内容和方式已与之前大不相同。大学学段的学习有其特殊性：以往的衔接都是从学校到学校，而孩子在大学毕业之后将要踏入职场，生活重心将由学习转变为工作，社会角色也将由较为单纯的学生转变为成熟的职场人，将来还会担任配偶、父母等角色……大学阶段的学习，应该为这样的转换做好充足的准备。

案例分析

案例 上了大学却缺乏目标和动力

刚进大学时，小刚和其他同学一样，对大学生活满怀憧憬，父母还希望他本科毕业后考研究生，攻读硕士、甚至博士学位。但入学后，小刚发现自己对上课和学习的感受与高中没有太大区别，没有想象中研究型学习的气氛，只是管得松。他说，不知道自己所学的知识有什么用，和专业有什么关系，觉得很茫然，没有动力。再加上厌倦了高中时紧张的学习生活，小刚慢慢地就开始松懈了，认为“进入大学，人生前半步就算走完了”。

正是这种思想作祟，小刚在大学第一年便沉迷于玩游戏，课也没怎么上，网吧成了他常去的地方。大学一年级结束，他便在微积分、计算机基础、大学物理、大学英语等多门课程的考试中不及格。但此时的小刚已经无法自拔。大三时，他接到了学校的退学通知书。

从表面看，小刚进入大学后面临学业困难的原因主要有两点。一是心理原因。心理预期与现实的落差大，产生懈怠心理，不重视大学课程的学习。二是行为习惯原因。小刚上了大学后沉迷于网络，其深层次的原因是小刚缺少积极向上的理想信念，对大学生活没有明确的目标，缺少努力的方向。

一份好的大学学业生涯规划可以为孩子在大学期间的学习和生活指引明确的方向，为找到适合自己的职业奠定基础。大学学业生涯规划是指大学生结合自身实际情况和大学环境等因素，为自己确立学习、生活以及择业、就业的计划和打算。因此，在孩子步入大学之前，我们就要未雨绸缪，与孩子一起分析和制订切实可行的大学学业生涯规划，做到有的放矢、从容不迫。

了解孩子

一项2010年对浙江省高校大一新生的调查显示，64.2%的新生不确定或者不认为自己的学习热情仍然高涨。经过高中紧张的学习，特别是完成了考上大学的学习目标后，新生的学习热情出现了疲软状态，享受每一天成了大学生活的现实目标[①]。

华东师范大学教授李家成认为，不少孩子是在对大学生活和职业生活毫无准备的状态下进入大学、进入社会的，他们在独立生活、人际交往和学习等各个方面都存在诸多困惑和困难。如果孩子在高考后对大学生活没有具体的目标和计划，孩子就很容易出现松懈和对未来茫然的现象。

在高中的心理课程中，孩子初步掌握了生涯规划的方法。生涯规划书一般包含自我分析、职业认知、职业目标、实施计划、评估与备选方案等内容。而大学学业生涯规划应侧重于以生涯发展目标为导向的大学期间的学业规划。

收到录取通知书时，孩子就读的大学和专业就已经确定了。这时，我们要结合专业要求，指导孩子对自己的性格、兴趣、能力和经历等方面进行综合分析，做出学业生涯乃至职业生涯的近期和远景规划，明确自己的学业追求、阶段目标、路径设计和行动方案。

---

① 黄兆信、李远煦:《大学新生适应性问题研究——从高中与大学衔接的视角》,《中国高教研究》2010年第5期第83-85页。

实施指南

1. 帮助孩子明确自己的生涯发展目标

生涯发展目标是指个人想在人生中达成的成就。生涯发展目标的确定，除了要依据个人特质，还要考虑家庭因素、国家需要与社会要求。确定生涯发展目标后，我们还要跟孩子一起讨论大学学业生涯规划。有了对人生的长远思考，孩子才会有明确的发展方向，学习和生活也会更有动力。

孩子的录取专业与生涯发展目标相匹配是一种理想的状态。我们可以与孩子一起商量大学本科毕业后的目标——就业还是继续深造。如果打算就业，就要了解与目标职业相关的工作职位、薪水、岗位需求量等信息，以便孩子在大一到大三期间的专业知识学习之余有针对性地进行社会实践和学习相关的应聘技巧，争取在大四毕业招聘顺利签约；如果打算继续深造，则要分析考研的目标学校，是继续就读本校，还是报考更高水平的院校、研究机构，根据目标学校的要求来规划自己大学期间的学习。

假如孩子的录取专业与生涯发展目标不匹配，就是相对棘手的情况了。如果孩子不愿调整生涯发展目标，就要思考如何做到跨专业学习，或将目标专业作为第二专业同时修读，或在本科阶段转专业，或在考研时换专业。采用何种途径因人而异，一般来说，辅修第二专业较为理想，但孩子精力有限，将两个专业都学得精通有一定难度；对于在本科阶段转专业，不同的大学有不同的要求，孩子在入学之初可以先了解清楚；考研时换专业的难度相对较大，孩子需要在本科期间学习目标专业的课程，做好知识储备。孩子可以根据自身情况和专业安排做出符合自身情况的选择。

2. 和孩子一起制订翔实的大学学业生涯规划

（1）设定学业目标

孩子在大学的学习方面想要完成的事项就是学业目标。设定学业目标时，要确定或明确自己在学习方面想要完成哪些既定的规划。

例如，一名以“36岁左右成为一家有深厚潜力公司的行政主管”为职业目标的大学生，希望自己大学毕业后能考上著名高校金融相关专业的研究生。为此，他制订了如下学业规划与实施计划：

①专业：平均学分绩点达到3.7，建立完整的知识框架，自学金融管理类课程。

②语言掌握：托福成绩近期提高到105分。

③入学考试：经企管理研究生入学考试（GMAT）达到700分，并发表2篇论文。

④社会实践：争取进入世界500强企业实习。

⑤能力提升：掌握沟通、策划、创新等基本商业能力。

⑥情商塑造：保持充沛的精力和较高的工作效率，自律自励。

⑦其他：建立良好的人际圈，培养广泛的兴趣爱好，保持身体健康①。

（2）自我评估与环境分析

确定大学和专业后，我们还要注意指导孩子进行环境分析，即评估大学、城市、校友等资源对自己学业生涯的影响，利用大学里的各种资源促进自身发展。

一是课程资源。本科课程可分为通识教育课程和专业教育课程。通识教育重在“博”，对学生生涯发展的影响未必立竿见影，但能奠定学生的知识基础，培养其思考能力、沟通能力、判断能力和认知能力；专业教育追求“深”，根据社会职业对人才的需求，系统地向学生传授某一领域的相关知识，使其接受专业的训练，为将来参加工作打下基础。

二是学习资源。孩子既可以从自己院系的专业课程中汲取知识，也可以从其他学院的课程中得到启发。图书馆、讲座、学术会议等，都能为孩子的学习提供支持。同一所高校的不同专业的学生可以共享学校的资源，这一点对有志于跨专业学习的孩子是有利的。

三是活动资源。学习不只局限于课堂，社团、实习、竞赛等也是孩子学习的渠道。我们还可以鼓励孩子通过参加社会实践等途径参与社会

---

①潘江：《我的目标：当一名公司行政主管》，《成才与就业》2012年第22期第34-37页。

问题的考察和解决，如参加假期支教、担任志愿者、参与关注留守儿童公益活动等，既可以增加孩子的实践经验，又可以锻炼孩子分析社会问题的能力，从而培养孩子的时代使命感和社会责任感。

另外，大学还具备一些隐形资源。如教师、历届校友等人际关系资源在重要节点上可能会给孩子关键性的帮助；又如城市资源方面，杭州被认为是在互联网与信息技术领域方面最具创业氛围的城市，成都商业资源集聚度高，郑州城市枢纽性强，长沙是工程机械生产重镇；等等。

（3）设定阶段目标

我们要指导孩子将长期规划转化为阶段目标，即把学业目标按照时间维度进行有效分解，一般表现为学期目标，如“在大一下学期平均学分绩点达到 3.7”等。目标分解有利于孩子有序从容地提高自己的水平。例如，一名决定大学毕业后直接工作的大学生制订了如下阶段目标：

①大一阶段

A. 专业课平均分在 70 分以上。

B. 通过大学英语四级考试。

C. 提前了解计算机二级考试内容，为大二时参加计算机二级考试做准备。

D. 加入两个以上的校园社团，加强与人交往的能力。

E. 暑假兼职，争取参加支教活动。

F. 多运动，将体重控制在正常范围内。

②大二阶段

A. 专业课程无不及格科目。

B. 争取通过大学英语六级考试。

C. 通过全国计算机二级考试。

D. 假期和同学一起旅行，增长见识。

E. 锻炼身体，学习一门新的体育项目。

F. 了解目标行业的相关信息。

③大三阶段

A. 掌握好专业知识。

B. 多阅读优秀毕业论文，为自己写毕业论文打基础。

C. 学习求职课程。

D. 争取到目标行业实习或兼职。

④大四阶段

A. 了解招聘会信息，学习面试技巧。

B. 争取在专业实习中获得优秀等级。

C. 争取在大四上学期与工作单位签约。

D. 按规定完成毕业论文。

（4）制订实现阶段目标的行动方案

我们要指导孩子根据阶段目标与自身现状，发现差距，寻找弥补方法，并制订行动方案。方案可以划分为学习、实践、人际、休闲等具体领域，如“英语六级考试备考方案”“常微分方程学习计划”“本学期参与社团活动计划”“师生沟通能力提升方案”等。

（5）评估与调整

制订方案不是一劳永逸的，应该在实施一段时间以后，有意识地回顾实施情况，评估目标达成度，总结经验教训，以便在下一个实施阶段进行调整。

研究发现，在大学学业生涯规划上，总体来看，女生优于男生，来自城镇的大学生优于来自农村的大学生，父母受教育程度高的大学生优于父母受教育程度较低的大学生，有社会实习兼职经历的大学生优于没有社会实习兼职经历的大学生。另外，大学生父母的职业差别也会影响大学生的学业生涯规划，但有无担任学生干部的经历对大学生学业生涯规划影响不大，不同专业的大学生在学业生涯规划上也几乎没有差异。该研究还发现不少大学生对自己的学业生涯规划不清晰，缺少对自身特质的科学认识，对信息资源的利用程度不高，缺乏选择学业发展方向的能力，且不具备持久的执行力[①]。

一般来说，家长对孩子大学阶段学业发展的关注度远不如高中阶段，加之许多家长不具备大学学业生涯规划的指导能力，这就使得孩子在学业生涯出现问题时缺少支持。为此，我们可以从以下方面入手，帮助孩子提高大学学业生涯规划质量。

① 陈新宇:《我国大学生学业生涯规划影响因素研究》，硕士学位论文，北京林业大学，2014，第 40 页。

（1）坚持学习，紧跟时代

作为家长，我们应秉持终身学习的理念，不断地充实自己。我们要学习生涯规划的相关知识，帮助孩子提升大学学业生涯规划能力；还要紧跟时代发展，掌握国家政策，了解目标城市发展趋势，搜集升学考研、出国留学、就业单位、公考公招等信息资源，协助孩子分析升学和就业路径，评估各项选择的助力和阻力。

（2）保持沟通，积极互动

我们要定期与孩子沟通，对孩子的情况有较为清楚的认识；还可以与孩子的高中好友、大学室友、社团同学、辅导员、班主任、专业课教师等和孩子亲近的人保持联系，了解孩子的在校情况，通过不同方式建立与孩子的良性连接。

鼓励孩子迎接新生活挑战

大学不同于高中。从拿到大学录取通知书的那一刻开始，我们就要让孩子明白：自己已经进入人生的新阶段，要准备好迎接新生活的挑战了。

案例分析

案例 学不下去了

据报道，曾以高出当地“一本线”近50分而进入山东某大学就读的学生陈某，入学以来屡次收到“成绩警告”。他一直没能适应大学的学习与生活，和同学的相处也不好，后来干脆在外面租房住，过上了“选修课必逃，必修课选逃”的日子。“刚开始，一两门课程不及格的影响还不大。但到后来想学时，上课就觉得像在听天书，已经跟不上进度了。”陈某说，他不喜欢所学的专业，一直带着抵触情绪，最终陷入恶性循环。

在经历多次“成绩警告”之后，学生就可能被学校劝退，而像陈某这样厌学的大学生不在少数。据了解，该校当年达到退学标准的97名学生中，只有19人是因为疾病、出国等造成学业中断而退学，大多数退学的学生是因为迷恋游戏或者厌学。同时，被劝退的大多数为男生，主要集中在理工科专业。

许多孩子在进入大学后会出现不同程度的适应不良的现象，这主要是因为新生没能及时地改变意识、转换角色。此时，我们要帮助孩子尽快认清现状，适应大学新生活。

了解孩子

大学和高中在生涯目标、学习方式、课外活动等方面都有明显差异。（见表6.1）

表 6.1 大学与高中的差异示例

对比项	高中	大学
生涯目标	以升学为目标	目标多样化，可由自己决定
学习方式	在学校和老师的安排下学习，依赖性较强	自主学习，独立性较强
人际关系	同质性朋辈关系、师生关系、亲子关系	异质性朋辈关系、恋爱关系
课后生活	课余时间较少，活动场所单一	课余时间较多，活动范围较广
求职实践	无	有
评价体系	以考试成绩为主要评价指标	评价标准多样，考试成绩的权重大大下降

如果孩子对高中与大学的差异没有足够的心理准备，没有及时“升级”自己的学习生活方式，就有可能会出现对大学适应困难的情况。

> >> 1. 学习适应困难

许多孩子初入大学时难以适应学习方式的转变。孩子的高中阶段学校管理越严格，老师越负责，孩子越容易养成依赖。

大学老师和高中老师很不同

“大学里，老师在讲台上讲课，你在座位上做其他事情也不会被管；而高中老师就不一样，如果你上课没有集中注意力听课，老师就会点你的名字。大学老师上完一堂课后，若学生没问什么问题就会离开，也没有什么课外辅导；高中老师就不一样，下课后还在解答学生的疑问。也许是我的依赖性太强了，没人教我的话就不知道怎么办了。其实有人管着也挺好的，因为被管着就什么事情都不用自己操心了。”一名大学新生这样说道。①

高中阶段的学习内容、学习进度和学习难度主要由老师掌握安排，孩子可以跟着老师的节奏走；晚自习时老师会辅导答疑，对学业落后的

① 苗岩伟:《高中生的“大学观”初探——基于两校的访谈》，硕士学位论文，南京师范大学，2015，第 29-30 页。

孩子也会一再督促。而大学对学生学习自主性的要求骤然升高，孩子要独立制订并执行自己的学习计划，遇到困难时也大多需要独立解决。如果孩子在高中时养成了依赖老师的习惯，上大学后就一定要改变这个习惯，否则很容易导致学业适应困难。

2. 生活适应困难

对于在本地就读大学的孩子，适应生活的难度不大。但家校位置东西、南北地域跨度大的孩子就需要适应语言、气候、饮食等方面的剧变，否则就有可能出现水土不服的情况。

孩子在高中时，人际关系比较简单。他们交往的朋友主要是同班、同年级的同学，大家朝夕相处，生活习惯相近，很容易形成深厚的感情；家里的长辈、学校的科任教师对孩子也关怀备至。而到了大学，大家来自五湖四海，每个人的家庭背景和成长环境都不一样，从生活作息到饮食习惯都可能大不相同。孩子的人际交往圈会无限扩大，需要接触更多的同学、老师，甚至社会人士。孩子需要适应这样的差异，在新环境里找到新的朋友，开始新的生活。

3. 心理适应困难

在评价体系上，大学和高中也有明显差异。在大学，评价一个人的标准比高中更多样化，形象外表、礼仪风度、性格气质、兴趣特长、活动能力，甚至家庭背景……如果孩子还局限于高中时代的评价标准，到了大学很可能会产生强烈的失落感。

大学里会聚了来自全国各地的学生。不同地域在经济、文化、教育等方面的发展存在客观差异，这种差异同样也会对孩子的心理产生影响。比如，欠发达地区的孩子在大学（尤其是重点大学）里，可能会感受到较大的压力。

上大学后才发现自己很渺小

高中时，小莫一直成绩优异，尤其是英语学科，高考成绩超过 140 分。但考上了一线城市的重点大学以后，从入学英语测试开始，他就发现自己与同班同学差距很大，自信心受到了严重的打击。由于英语学科的学分占比很大，相对弱势的英语水平拉低了他的学分绩点。其中一门专业课是由外教授课的，课上会使用大量的专业英语词汇，小莫感到听课非常吃力，而来自发达地区的同学则可以与老师顺利交流。

一项 2010 年对浙江省高校大一新生的调查显示，64.9% 的大学新生认为实际的大学生活与期望中的大学生活不相符；生源地不同的新生在心理适应性问题方面存在差异；42.5% 的新生进入大学后偶尔或者经常感到紧张和焦虑①。

实施指南

在孩子的“后高考”时期和大一适应期，我们可以从哪些方面进行指导呢？

1. 模拟真实情境，提高自学意识

我们可以鼓励孩子提前了解大学的课程设置和学习内容，为孩子购买必要的工具书和参考书；鼓励孩子向学长学姐请教，借阅他们的听课笔记；鼓励孩子寻找契机，通过当面或网络渠道与大学老师交流，初步了解课程的学习要求。有的大学会以夏令营的方式增进新生对学校的了解，若条件允许，鼓励孩子积极参加夏令营也是一个不错的选择。我们还可以带着孩子到图书馆借阅专业相关的书籍，试着结合网络课程进行自主学习，还可以在网络上搜索学校、学院、班级、社团、学生会等机构的主页、微博、公众号等，从而对大学的学习情况形成整体的印象。

大学和高中的不同之处，还在于大学阶段也是孩子的求职准备期。求职除了需要掌握职业信息搜索能力、简历写作技巧、求职面试技巧、

① 黄兆信、李远煦：《大学新生适应性问题研究——从高中与大学衔接的视角》，《中国高教研究》2010 年第 5 期第 83-85 页。

自我营销技巧等，还需要学会打造自己的求职形象，从发型、着装等方面让自己更符合职场要求。我们可以运用自己的社会经验指导孩子，创造条件让孩子锻炼求职择业所需的技能。

2. 保持开放心态，建立支持系统

在生活方面，我们要提醒孩子保持开放包容的心态，不能固执地认为只有自己原有的生活模式才是正确的。如果孩子的大学所在地与家乡距离较远，可以提前带孩子到大学所在地旅行，也可以通过网络等方式与孩子一起了解大学所在城市的地形地貌、气候特征、风土人情、民俗习惯、历史渊源等，让孩子对即将生活四年的地方心中有数。

在人际交往方面，我们要鼓励孩子处理好与舍友的关系、与同学的关系、与同乡的关系等，建立起同辈的支持系统，互相交流，相互帮助。在大学里，孩子还很可能会发展恋爱关系。恋爱关系很可能对孩子的人格塑造和生涯发展带来重大影响。如何使这段关系成为孩子生涯发展的“促进剂”？失恋了该如何面对？我们可以用自己的人生经验给孩子参考建议，还可以主动与孩子的舍友等关系密切的人员建立联系，增强孩子的支持系统。

3. 更新自我定位，养成良好心态

我们要帮助孩子在大学的新环境里更新自我定位，增进自我认同。有的孩子把自己比喻成湖里的小鱼，游向大学这片大海时才发现这波澜壮阔的大海里巨鲸潜伏，小小的自己显得微不足道。我们要让孩子明白：大学这片大海里没有“大鱼吃小鱼”的规则，无论是巨鲸还是小鱼都能获得充足的养分；再者，展望更广阔的世界，有“巨鲸”校友难道不是“小鱼”的优势吗？我们要告诉孩子，环境改变了，自我定位也要随之更新，保持乐观良好的心态，积极进行自我探索，在环境里尽快找到合适的位置。成长是孩子在大学阶段最主要的任务，不但不应该担忧大海之大、巨鲸之巨，反而应该为拥有这样的成长资源而倍感珍惜。

值得注意的是，在孩子的大学适应期，家庭教育可能会出现两种偏差。一种是提前放手。我们要明白，孩子步入大学不是家庭教育的终点，而是家庭教育的新篇章。家长永远是孩子的老师，家长的人生经历

是孩子一生受用的“教科书”。孩子上大学后，我们仍然应该和他（她）保持交流，用自己的人生体会启发孩子，辅助孩子做出人生选择。另一种是过于专制。一些家长习惯采用专制型的教养方式，常常代替孩子做选择，将孩子的日常生活安排得井井有条。这样的孩子很可能会习惯于服从家长，自主水平较低。低自主水平的危害在高中阶段表现得并不明显，但在大学时其弊端将愈加明显。大学对学生的自主性和自律性有很高的要求，低自主水平的孩子往往因缺少强烈的自我意愿和内在学习动机，难以有效平衡自我与环境的关系，而容易出现大学入学适应困难。

在“后高考”时期，对于教育孩子的问题，我们不应“功成身退”，而更应该注意提升自己的教育方法：减少管教、约束，代以引导、协商；不是解决具体的细节，而是探讨宏观原则；不是直接教训，而是委婉劝诫。

延伸拓展

一、阅读推荐

>> 《普通高等学校本科专业类教学质量国家标准》（编者：教育部高等学校教学指导委员会；出版单位：高等教育出版社）

本书以专业类为单位编制，涵盖普通高校、本科专业目录中 92 个本科专业类、587 个本科专业，涉及全国高校 56 000 多个专业布点，列举了适用专业范围、培养目标、培养规格、课程体系、师资队伍、教学条件等教学质量国家标准，可供家长和孩子了解国家的专业人才培养标准和人才培养方案。

二、课程推荐

》》 中国大学先修课

此教学平台由教育部相关部门牵头，清华大学等 19 所大学与近 30 所中学共同发起，提供涵盖优质高等教育资源和基础教育资源的系列精品课程。

评估改进

一、自我评估

测测你是否了解孩子对未来学习和生活的规划。

（1）对孩子在高考后的外出，我知道他（她）去哪儿、和谁一起去、去干什么、什么时候回来。

（2）对孩子在暑假的花费，我们全家达成了统一意见。

（3）我特别关注孩子的精神状态，尤其公布查高考分数这段时间。

（4）我参与了孩子暑期计划的制订过程。

（5）我帮助孩子找到了一份与他（她）的专业有关的实践工作。

（6）我给孩子创造机会，让他（她）提前熟悉大学生活。

（7）我和孩子一起讨论了他（她）大学毕业以后是读研还是工作的问题。

（8）我和孩子一起把他（她）在大一可能遇到的困难列出了清单，并预设了解决方案。

（9）我想办法帮助孩子与目标大学的学长或老师取得联系。

（10）我正在学习如何做好大学生的家长。

【评估参考】

以上题目中，如果你回答“是”的超过半数（5题及以上），说明你能较好地帮助孩子走向大学，反之则可能需要改进。

二、改进计划

表 6.2　改进计划表

序号	我的收获	我的改进行动
例	我了解了什么是“考后综合征”。	1. 关注孩子的心理状态，多陪孩子聊天。如果他（她）不愿意说，我也不会强迫。 2. 开个家庭会议，让孩子自主决定购买哪些大学用品，我只要做到从旁指点和协助即可。 3. 找合适的时间带孩子拜访近几年考入大学的亲友，让孩子对大学生活形成初步的了解。
1		
2		
3		

第七专题 如何放开孩子的手

对于下列情况，你是否有思想准备？

孩子高考失利，你建议孩子报考高职院校，而孩子执意要复读。

你计划全家人一起去旅行，孩子却不愿意去，说要和同学出去玩。

孩子上了大学后就很少主动找你，有时甚至不回信息，不接电话。

你希望孩子一进入大学就做好生涯规划，确定自己的奋斗目标，可孩子天天玩手机，还不耐烦地说“你不要操心啦”。

……

这时你会怎么办？是责骂孩子，是心里干着急，还是想办法做孩子的思想工作？

专题目标

1. 了解孩子身心发展的特点，站在孩子的立场思考问题，尊重孩子的个性，支持孩子的自主选择。

2. 了解分离焦虑的相关理论，掌握应对焦虑的方法，与孩子和谐地交流。

3. 提升自我，坚持正确的价值追求，身体力行地做孩子成长的榜样。

站在未来看孩子——支持孩子的选择

案例分析

案例　我的专业我做主

按父母的意愿，小金去年顺利考入了上海某大学的金融专业，全家人都很开心。小金的爸爸是做国际贸易的，还打算将来在工作上给孩子提供一些资源。可没想到，小金入学后竟然自作主张地转到了生物医学专业。小金直到寒假回家后才告诉父母这件事，说自己的人生要自己来决定。他爸爸气得直哆嗦，父子俩为此一个月都互不理睬。

“考上理想的大学”是大多数孩子的梦想，大学是孩子走向未来的新起跑线。孩子们经历了严格的高考选拔，有些进入了梦寐以求的大学，有些就读高职高专，有些则直接进入社会，走上工作岗位。这个时期是孩子一生中知识和技能形成的重要时期。他们接触的社会环境越来越复杂，人际交往范围越来越广，独立性和主动性越来越强；他们开始要求掌握自己的生活，想要选择自己心仪的专业和职业。其实父母可以换一个角度来看待转专业这件事：大学新生选择转专业不是一件容易的事，要通过非常严格的考试。孩子选择转专业，说明孩子在通过自己的努力去实现理想，何尝不是一件好事呢？

了解孩子

孩子高中毕业后，或升入大学，或参加工作。这个时期，我们该如何引领孩子走上崭新的人生之路呢？首先应该从了解孩子开始。

为了解孩子进入大学后的学习生活、与父母的相处模式等情况，本书编写团队专门进行了针对性的调查研究，以大一学生为重点研究对象，采用开放式电子问卷，选取北京理工大学、中央民族大学、上海大学、中南民族大学、湖南农业大学、保定学院、湖南第一师范学院、长沙职业技术学院等 8 所不同地域和办学层次的高校进行了问卷调查，共回收有效问卷 413 份。其中，大一学生 400 人，占比 96.9%；女生 321 人，占比 77.7%；独生子女 94 人，占比 22.8%。

从大学生就读的大学与家的距离来看，就读大学与家同城的有 103 人，占 24.9%；同省（非同城）的有 234 人，占 56.7%；省外、国外仅占 18.4%。从大学生回家的频率来看，74.6% 的孩子一学期回家一次，1.7% 的孩子一年才回家一次，甚至还有 1.7% 的孩子表示不想回家，说明孩子读大学后和父母相处的时间是不多的。（见图 7.1）

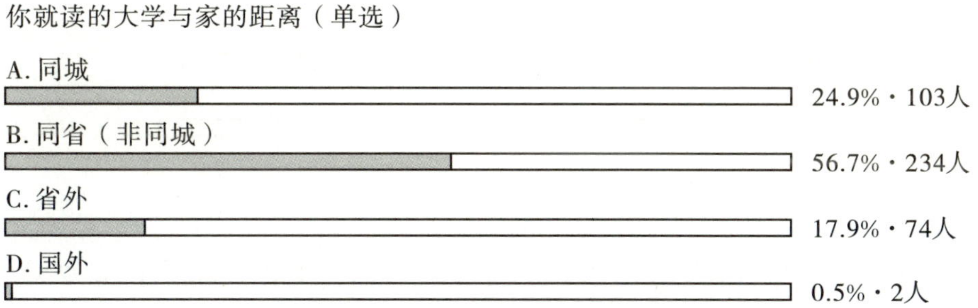

(a)

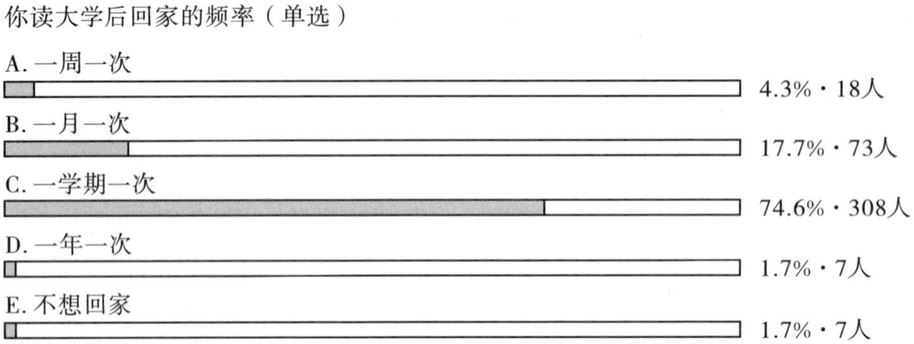

（b）

图 7.1 大学生就读学校与家的距离及其就读后回家频率调查

如今的大学生和父母的交流更多采用文字、语音和视频等方式，亲子沟通的方式发生了变化。同时，由于亲子关注的话题不同，只有 46.3% 的孩子喜欢在大学期间和父母聊天，有 2.4% 的孩子觉得和父母没话聊。（见图 7.2）

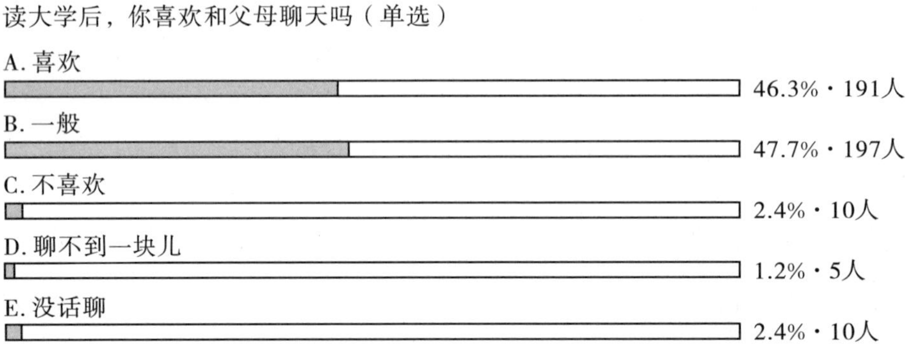

图 7.2 大学生和父母聊天的感受调查

在于父母的沟通方面，进入大学后，只有 26.2% 的孩子认为父母有必要为自己操心，54.2% 的孩子认为没必要，还有 6.8% 的孩子觉得父母操心也没用，说明有些孩子认为自己已成年，不再需要父母操心了。只有 21.5% 的孩子愿意听取父母的建议，而 76.8% 的孩子认为合适的才听取，说明孩子们有独立思考能力，不轻信，也不再盲从父母。（见图 7.3）

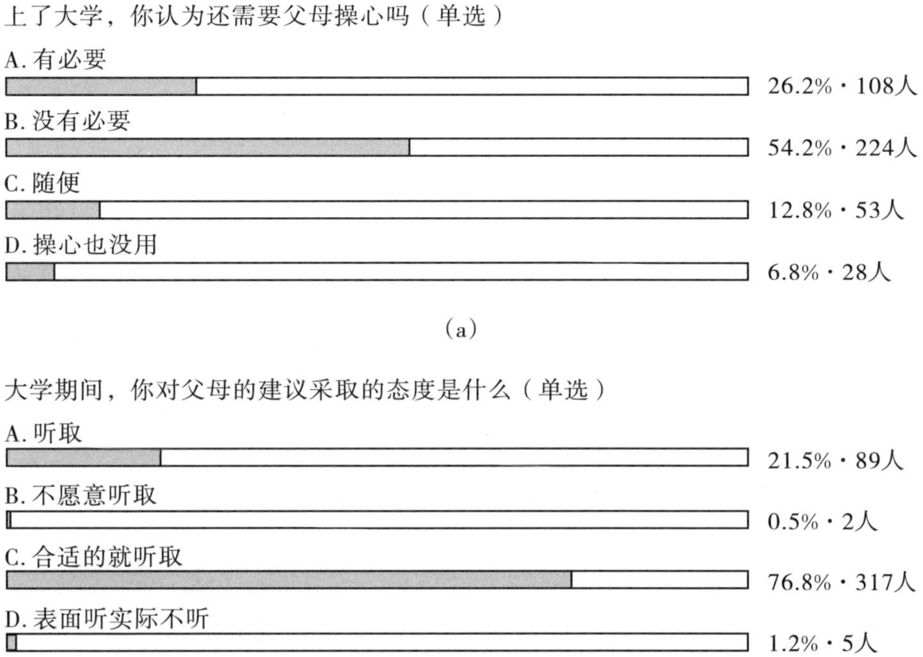

（b）

图 7.3　大学生与父母沟通情况调查

“不知道要做什么好”“没有学习动力”“找不到成就感”是孩子进入大学后认为最困难和最具挑战性的三个问题，选择人次分别为 253 人次、216 人次、188 人次，说明孩子在大学时没有升学压力，缺少了老师、父母的监督而感到无所适从。他们在期待中彷徨，在彷徨中迷茫，不知如何安排好大学生活。因此，一部分孩子大学的学习目标不明确，缺少学习动力，发展方向不清晰；而一部分想要为大学生活做规划的孩子，又不知从何下手。（见图 7.4）

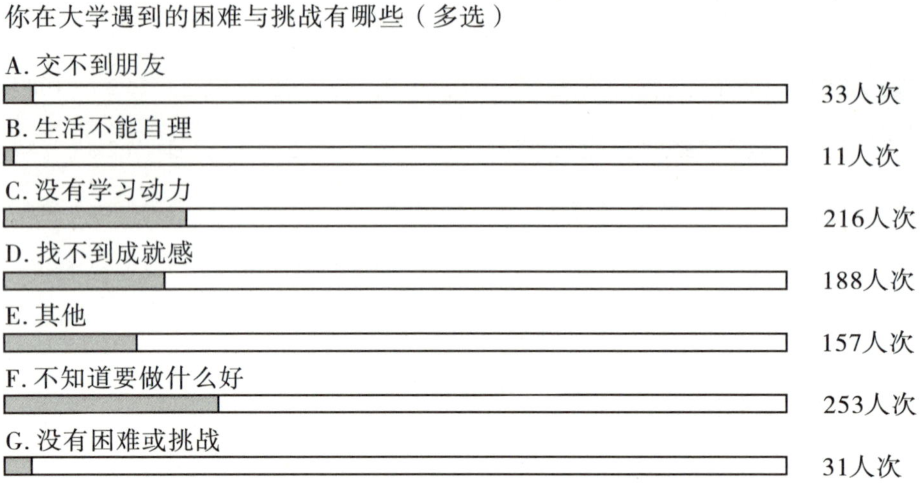

图 7.4　大学生在大学遇到的困难与挑战调查

对于“读大学后，你最想对父母说的一句话是什么”的问题，按从高到低的表达频次及从大到小意愿强度排列，孩子最想对父母表达的情感可以分为四个维度。

（1）承诺与感恩

①谢谢爸爸妈妈的抚养和关爱，我想通过努力学习来提高自己，不想再让你们操心。

②我已经慢慢适应学校的生活了，希望你们不要担心，多关心自己的身体。

③爸爸妈妈，谢谢你们养育我。我现在已经长大了，有担起责任的能力了，不要担心我。你们要好好照顾自己，天冷要加衣，别不舍得花钱。

④爸爸妈妈，我已经长大了，正在成为一个成熟可靠的人。

⑤我长大了，我会努力做好生活中的每件事。

⑥我已经成年了，正努力向顶峰攀登，我不会再让你们操心了。

（2）期待与希望

①爸爸妈妈，希望你们可以适度放手，不要觉得我还是个小孩子，我可以自己做决定了。

②在对重大事情做决定前，请和我一起商量，我也是这个家的一分子。

③我不再需要太多管束，我想做自己想做的事，也具备了承担一定责任的能力。

④希望你们不要再为我担心，要为了自己而生活，花多点时间去享受生活。

⑤希望你们能尊重我的选择，我想去外面的世界看看。

⑥我能自己照顾自己，你们应该相信我。

（3）呐喊与控诉

①给我多点空间，尊重我的决定，可以吗？

②从小到大，你们管我的事够多了，能不能让我有自己的空间？

③我有自己的想法，也理解你们的用意，但我不想成为你们的影子！

④你们能不能改变一下思想观念，让我有自己做主的权利？

⑤不是谈了恋爱就完成不了学业，不要把你们的想法强加进我的生活中！

⑥我长大了，求你们别老管我了，我不是小孩子了！

（4）后悔与成长

①我很后悔在中学时没有努力，从现在开始会尽力去弥补。

②再给我一次机会的话，我不会选离家那么远的大学了。

③我虽然还是有点幼稚和脆弱，但也在成长了。

④大学真的和我想的不一样，我开始后悔自己的选择了，当初应该听你们的。

⑤我想说一句“对不起”，有时因为自己的任性伤害到了你们。

相信看到孩子的这些深情告白和真挚呐喊时，我们都会有所触动吧。我们的孩子已经长大，是成年人了。与高中相比，上了大学的他们在生理和心理方面呈现出明显的阶段特征。他们更懂得感恩，希望让父母放心，同时也有自己的苦恼和对父母的期待。他们在不断地发现自我，在主动思考自己想要什么，开始形成较清晰的自我认知，自我意识方面也更加突出。他们开始具备独立解决问题的能力，开始学会为自己的选择负责，并承担其后果。

反观作为父母的我们，如果还局限在以前的认知范围或个人的职业领域内，就会越来越跟不上孩子成长的脚步。这种现象在孩子上了大学后尤为明显，亲子关系也从大学以前的单向控制到渐进深入的双向互动，从外显冲突到不断深化的内隐冲突。

实施指南

1. 放开双手，让孩子走出自己的路

孩子的第一次自主旅行

小吕高考后，一家人计划好暑假出去旅游。临行前，小吕突然改变主意，说要和同学去看演唱会，然后再去广州玩。在她们出发去广州的前一天，妈妈提醒小吕要早点去火车站，结果她和同学还是误点了，没赶上高铁，也没买到其他车次的火车票，而且钱也花完了。小吕怪同学动作慢导致误点，两人情绪都很低落。直到凌晨，两个女孩还在火车站附近找住宿的地方。于是，妈妈借了钱给女儿，但要求女儿将来自己挣钱偿还。妈妈尊重孩子的自主选择，放开手让孩子去体验、去尝试，但同时也让孩子明白需要为自己的行为承担后果。女儿回来后和妈妈分享了她的第一次自主旅行的感受，也和妈妈分享了自己和朋友相处的一些心得。之后，小吕利用暑假打工，还清了向妈妈借的钱。

高中毕业后，孩子开始了新的人生阶段。他们已经成为独立的个体，想要挣脱父母，证明自己的能力。如果父母还像以前一样紧追不舍，反而不利于孩子的独立成长，因此这时候不妨试着放手。

2. 放宽心，陪伴孩子一起走

孩子在学习中的成长

小望进入大学后，经常对妈妈说“我的事不要你管”，妈妈便不太过多询问女儿的学习状况，但偶尔会聊到老同学或朋友孩子的近况，以

“你怎么看”的方式跟小望聊大学的事，在聊天中慢慢了解了女儿的学习和生活状态。

今年春节，在同学的引荐和妈妈的帮助下，小望开了家网上购物小店，每天定时发送购物链接，处理售后服务，自己打理佣金。妈妈每月给女儿的生活费也由入学时的2000元减少到了1000元。一个多月后小望告诉妈妈，自己开始存钱了。妈妈喜在心头，这就是孩子看得见的成长。妈妈不需要告诉孩子如何花钱，或许也无法指导孩子如何经营小店，但小望通过学习经营网店的课程，摸索出了自己的方法，加强了人际沟通能力，开始学习如何理财，妈妈只需要默默地支持就好。

我们要相信，孩子有向上向善的追求和力量。无论他们是读大学，是复读，还是选择参加工作，我们能给他们的主要是情感上的支持和鼓励。其实孩子都知道自己要做什么，不需要我们天天念叨。他们更需要我们给予他们前行的力量和机会，让他们在努力之后获得成就感。

3. 学会“狠心”，适度绕弯也许会另辟蹊径

孩子在选择中为自己负责

小蒙的大学专业是按照父母的建议来填报的。但他并不喜欢这个专业，总感觉自己学不好，从大一下学期开始就不想上学，甚至大二刚开学就申请退学回家。妈妈很焦虑，赶紧到学校了解儿子的在校情况，并以小蒙的名义向学校重新递交了因病休学报告。回家“放空”一段时间后，小蒙找到了一个打工的机会，经历半年社会的磨炼后如梦初醒，最终重返校园，拾起了荒废已久的学业。

学习是孩子读书期间最主要的事情，但不是全部。我们不需要为孩子过度操心，不要担心他（她）吃亏走弯路，也不要怕他（她）浪费时间和精力。我们要让孩子明白，一个有担当的人应该而且能够为自己的选择负责。孩子只有在不断的尝试和失败中才能积累经验，找到适合自己的人生道路。

4. 操作建议

（1）若孩子决定复读，可以和他（她）一起做 SWOT 分析，权衡利弊，做好相应的准备。

（2）在孩子读大学期间，理解孩子的行为表现，多鼓励，少斥责，接纳孩子大学生活中的休闲方式。

（3）不把孩子的学业作为唯一关注点，要了解他（她）的社交情况和兴趣爱好等。

（4）当孩子做出一些我们认为不太满意或者不能接受的事情时，告诉自己“我相信孩子能做好他想做的事情”“她是一个负责任的孩子，只要把握好分寸就行”。

（5）和孩子谈论某件重要的事情前，可以先做好准备，找合适的时机，用诚恳的态度和恰当的语言与孩子对话。

我们也要适应分离焦虑

案例分析

案例　孩子上大学后不爱理我了

一位妈妈在儿子进入大学一段时间后忍不住与朋友抱怨：“儿子去了天津读书，但从报到那天起，除了要钱，就几乎不给我打电话或发信息。刚开始我每天给他发信息，他还回一下，几周以后他竟然说没事就不要天天给他发信息了。我一生气就半个月没理他，结果他还真不给我发信息。一想就生气，这孩子真让人操心。对了，你女儿怎么样啊？”另一位妈妈笑了笑，回答道：“也一样！”

孩子离开家上大学，飞向更广阔的天地。父母一天天老去，力量逐渐减弱，而孩子的力量在日益增强，孩子与家庭的分离会给父母带来心理上的失落与不平衡。很多父母没有意识到这是正常的发展规律，而喜欢把责任归咎于远离自己的孩子身上，对孩子的行为不满，产生了分离焦虑，导致亲子关系恶化。矛盾的产生，很多时候其实不是孩子的问题，而是父母的观念没跟上孩子的成长。汪国真在《慈母心》中写的"盼望 / 果子成熟 / 成熟了 / 又怕掉下来"，很好地诠释了家有孩子上大学的父母的心声。

了解孩子

家长应不应该早点放手让孩子独立？我们继续看上一小节针对大一新生的调查结果。

上了大学，孩子有了新的学习任务和人际交往需求，有了更多的自主意识和求知欲。有 30.5% 的孩子表示读大学后很想念父母，58.4% 的孩子偶尔会想念父母，5.8% 的孩子只有在自己有需要时才想父母，甚至有 5.3% 的孩子表示基本不想念父母，可见孩子上大学后对父母的情感依赖越来越少。在亲子互动方面，有 69.5% 的孩子会主动联系父母，12.3% 的孩子在没有特殊情况时不会主动联系父母。当孩子不主动与家里联系时，我们不应该过于担忧，不要觉得孩子不联系就是忽视了父母，更不能要求孩子天天汇报他（她）的学习与生活情况。（见图 7.5）

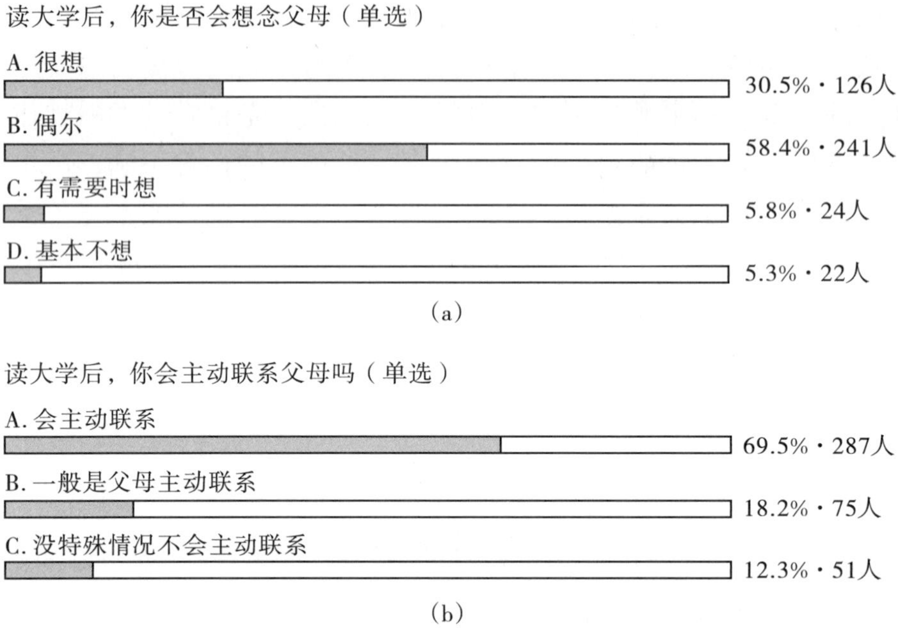

图 7.5 大学新生念家程度与亲子互动情况调查

从亲子关系上看，72.4% 的孩子认为自己与父母的关系很好，说明孩子对父母的认同度较高，亲子之间能保持良好的情感联结。（见图 7.6）

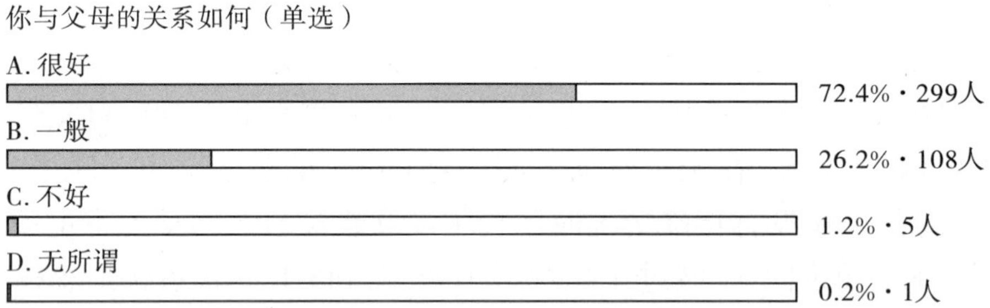

图 7.6 大学生亲子关系调查

在孩子遇到困难或危机时求助的人中，59.6% 是同学或朋友，有 21.8% 的孩子表示会自己解决，而选择向父母求助的比例只占 15.7%，说明上了大学的孩子越来越不习惯依靠父母，而朋辈在他们心中有着越来越重要的位置，同时他们也相信自己有能力解决问题。在做重大决定时会主动联系父母的选择人次为 274 人次，在危急情况下才会主动和父

母联系的选择人次为 166 人次，说明孩子在关键时刻仍然希望能够获得父母的有效支持。（见图 7.7）

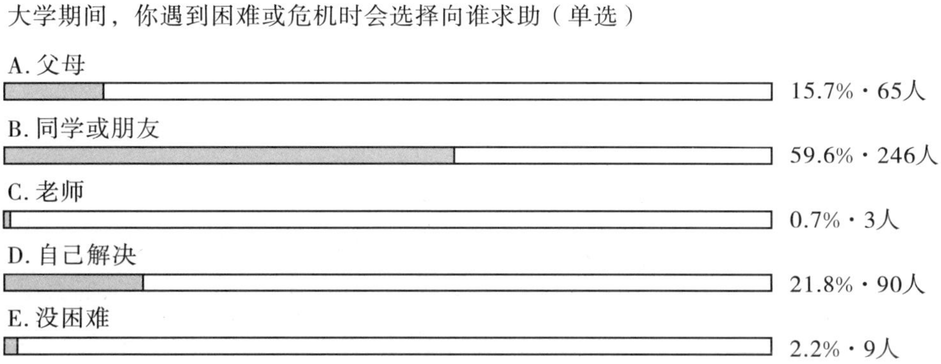

（a）

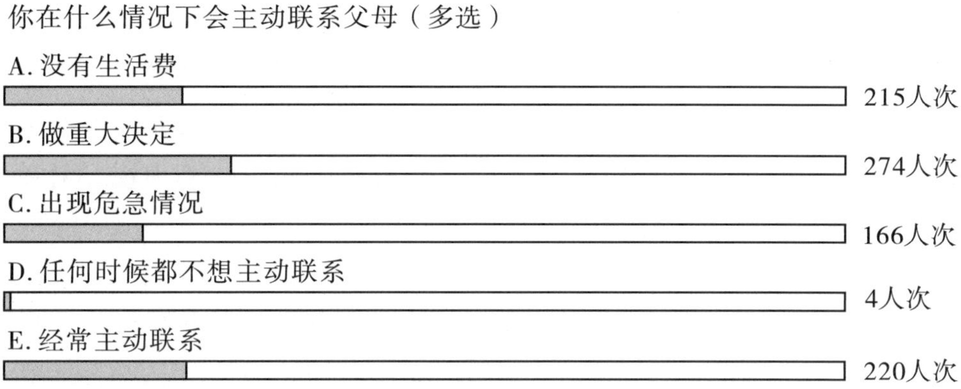

（b）

图 7.7　大学生遇到困难或危机时选择的求助对象以及主动与父母联系的场景调查

以上数据说明，孩子在物质上依赖父母，但心理上是独立的。

孩子在与父母分离的过程中，形成了协调心理距离的适应能力，能够保持分离和联结的平衡。这种平衡并不是要切断孩子与父母的情感，而是孩子个体独立的必经过程，使孩子自动减少对外界情感支持的需求和依赖，促使自我成熟——这是一种巨大的进步，也是孩子社会化的过程。独立自主是孩子在这个阶段应完成的重要发展任务，我们应该明白并遵循这个规律，积极适应分离焦虑，主动适应孩子的发展，保持自己与孩子的环境距离与心理距离。

实施指南

1. 认识分离，接纳分离

孩子独自去大学报到

一位妈妈想送女儿去大学报到，但孩子拒绝了。开学前，女儿将所有要带的物品列出清单，证件、银行卡、车票、衣服、文具等都自己一一准备，还提前在网上买好抽气打包机，打包好大件行李，在出发前一天邮寄到学校。女儿出行当天，母亲只在朋友圈里记录了送女儿到高铁站的场景："一个大行李箱，一台笔记本电脑，小小的身体，装着大大的梦想，独自踏上崭新的求学之路，愿你勇往直前。宝贝，记住，无论一帆风顺，还是泥泞坎坷，妈妈永远在你身后！"后来，妈妈一直想去学校看女儿，但一来距离较远不方便，二来孩子也不同意，就一直没去成。回想这件事，这位妈妈深深地体悟到：父母接纳与孩子分离的现实，及时化解焦虑，并能够在分离后主动与孩子进行情感沟通，对维持和谐的亲子关系是多么重要！

分离是人生中不可避免的话题，我们也一直在经历着与孩子的分离。没有经历分离，孩子就不能真正地成长。孩子经历着从幼儿园到小学、初中、高中，再到进入大学，最后彻底离开家的过程。分离和爱同等重要，它们一同发挥作用，使孩子成长。

分离有三种模式：成熟分离——爱家，但喜欢独立；拒绝分离——恋家，无法独立；单纯分离——逃离家庭，拒绝与家庭保持联系①。孩子在高考后主动适应与父母的分离，这是一种成熟的分离。这类孩子既感恩父母，又喜欢独立；经济上依赖父母，精神上自主发展。因此，当我们将要和孩子分离时，要鼓励自己积极面对，接受孩子的改变，调整自己的教养方式，这样我们和孩子才会从分离中受益。

① 武志红：《为何家会伤人——揭示家庭中的心理真相》，世界图书出版公司，2007，第75页。

2. 学会沟通，靠近孩子

父母即使与孩子分离，也不能切断亲子沟通。时代在进步，孩子不可能“安装”父母过去的语言系统，而需要我们主动探索和孩子沟通的语言，进入孩子的语言系统和心灵世界，包括了解孩子的兴趣爱好、在追的剧、谈论的热门话题等。父母的“不过时”就是跟上孩子发展脚步的最好方式，这样孩子就不会觉得父母什么都不懂，也就会更愿意与父母交流了。互联网大数据时代瞬息万变，我们要与时俱进，学习新思想和新技能。只有我们自己不断地学习，才会知道孩子在学什么、在关注什么，才能和孩子共同进步。

3. 认识自己，调整心态

孩子高考后，不少父母容易出现“更年期综合征”。更年期有明显的表现：生理反应，如潮热、出汗、头晕、心悸，失眠、易疲劳、腰背疼痛等；心理反应，如情绪波动大，精神紧张不安，容易焦虑、激动、烦躁、愤怒等。当父母没有意识到自己因更年期而产生身体和心理上的变化，并把精力过多集中在孩子身上时，就容易产生强烈的不安和失控感，导致亲子关系紧张。当孩子达不到父母的要求时，父母的失落感就越发强烈。

所以，我们要认识自己更年期的特点，为自己“备课”，储备相关的生理和心理知识，调整好状态与心境，才能更好地适应与孩子的分离。

4. 操作建议

（1）孩子不需要我们管的事，我们就可以适度放手，只要做到心中有数即可。可以保存孩子同学和辅导员的联系方式，以备不时之需。

（2）在孩子寒暑假回家的日子，学会向孩子“示弱”或“求教”。向儿子学习如何使用手机，向女儿学习穿着打扮等都是不错的方式。

（3）多用孩子同龄人的故事或案例表达自己的感受和想法，少一些对孩子的说教和指责。

（4）我们要认识到，孩子也只是一个平凡的人，保持积极向上的心态，陪伴孩子成长。

重塑自我，让最好的自己成为孩子的榜样

案例分析

案例　对孩子离家上大学感到不适应

一位做小学老师的母亲讲述了自己女儿读大学后的困惑：“开学报到的日子，我和先生把孩子送到了大学。办好所有报到手续后，我们在校门口和女儿道别，没想到她竟然头也不回地就走了。我俩站在校门口，久久不愿离去。离开女儿大学的那一刻，我忍不住流下了眼泪。回到家，看到孩子生活了十几年的房间突然少了人气，我开始变得沉闷起来。以前只要孩子想吃什么，我都会变着法子给她做，但现在连做饭的心思都没有了，便经常随便打发。以前生活的重心是孩子，现在孩子去外地读大学了，家庭多年的生活方式也改变了，这让我难以接受，而我先生也开始对我这样的生活状态感到不满……”

有人说，大学录取通知书是一张别离的船票，它载着孩子奔向他早已向往的远方。父母看着孩子渐行渐远的背影，心中有欣喜，但更多的是失落和不舍。有些父母甚至觉得自己成了“空巢老人”，难以适应孩子不在家的日子，常常在思念中度日。这是孩子读大学后一部分家庭的真实状况，也是我们不可避免的问题，在独生子女家庭表现得尤为明显。

了解我们

孩子读大学后，我们的生活会不会完全不同了？我们是终日无所事事，还是花多点心思在工作上？是尽情追剧、打牌、玩手机，还是为曾经被耽搁的梦想而重新努力？

本书编写组通过电子问卷的方式，对正在经历孩子高考结束后至刚上大一这一时期的家长进行了一次抽样调查，以了解家长在孩子上大学后的真实生活情况。调查共收到有效问卷 80 份，其中孩子刚结束高考的家长 37 人，大一学生家长 43 人；父亲 17 人，母亲 63 人。

“孩子上了大学，父母就轻松了。”这是我们常常听到的一句话，但事实果真如此吗？调查结果显示，虽然孩子上了大学，但父母的生活压力并没有完全消失。只有 3.8% 的父母感觉没有生活压力了，50% 的父母感觉生活压力减轻了，37.5% 的父母感觉生活压力还是很大。（见图 7.8）

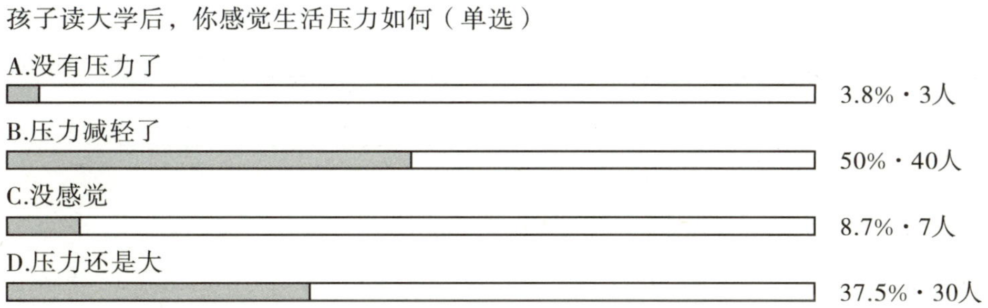

图 7.8　父母在孩子读大学后的生活压力情况调查

高达 77.5% 的父母表示愿意在孩子读大学后做一些社会公益服务，说明大部分父母具有强烈的社会责任感，希望为社会贡献自己的力量。（见图 7.9）

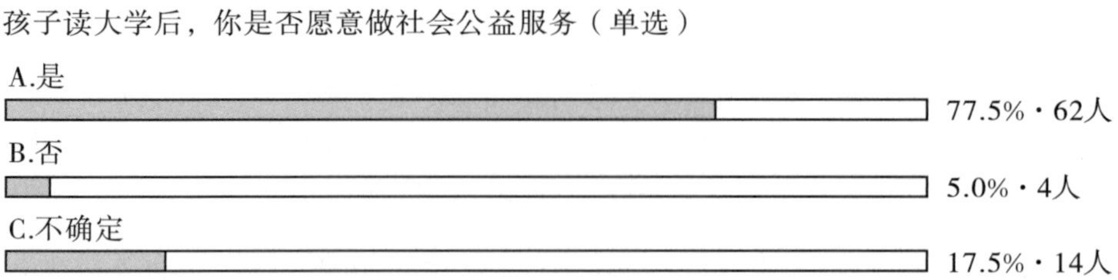

图 7.9 父母在孩子读大学后对开展社会公益服务的意愿调查

孩子读大学后，多数父母精力投入意愿排在第一位的是锻炼身体，说明保持身体健康已成为父母们最为关注的事项。排在第二位的是陪伴父母，陪伴孩子升学的任务已暂告段落，亲情与孝敬老人是父母们此时的生活重点。排在第三位的是努力工作，重启曾经暂停的工作追求也是父母们继续实现自己人生价值的方式。另外，培养爱好、旅行、学习等也是父母们在孩子读大学后常见的精力投入方向。（见图 7.10）

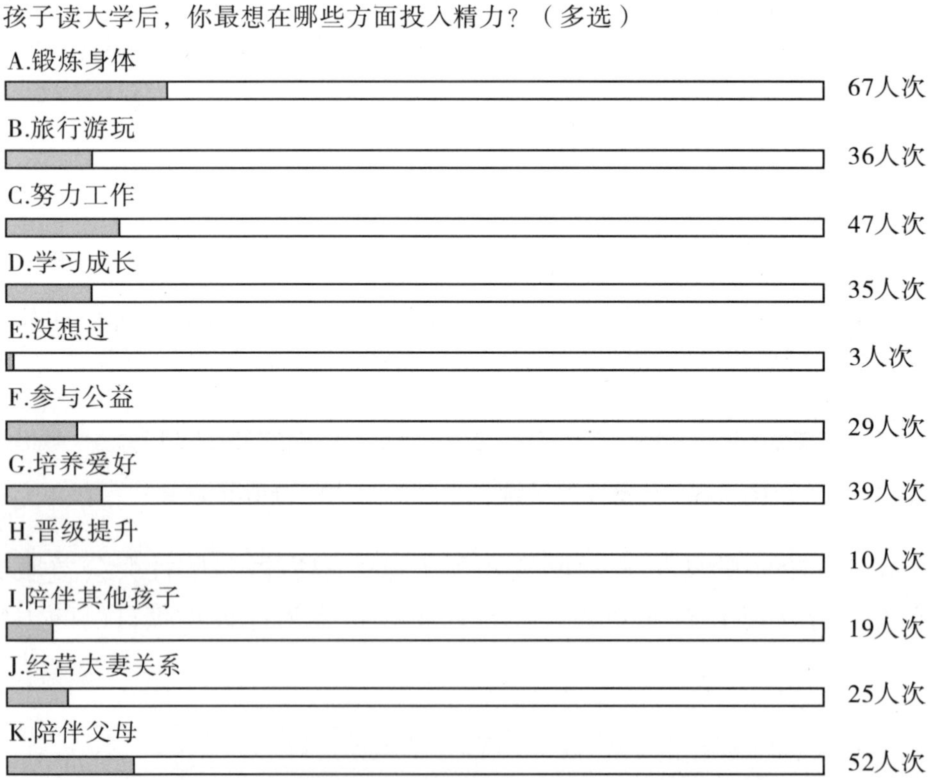

图 7.10 父母在孩子读大学后的精力投入方向调查

问卷还设计了两道开放式问题，以下为部分父母的回答。

（1）孩子读大学后，你最想做（已做过）的事是什么？

①参加培训，提升自己的能力，计划拿到教育管理硕士学位。

②育儿压力减轻了，抽出时间带着老父亲去他想去的地方转一转。

③孩子高考一结束，我就把尘封几年的相机翻出来了，给它做了保养，还配备了新的配件，准备重拾摄影爱好。我要开启新生活，创造属于自己的精彩！

④想多学习育儿知识，特别是经历了大儿子的高考后，我的感触特别深。他去读大学后，我把更多时间放在了小女儿身上，把在教育哥哥时一些好的经验和不妥的做法都梳理了一遍，收获了很多。

⑤孩子高考结束后，我带着全家人开始长途自驾游，感觉特别好。以后要多进行这样的家庭活动。

⑥继续自己的事业，还想读书、画画、练书法、写文章，培养爱好，丰富自己的生活，还要多陪陪父母。

⑦适当放松自己，做想做的事，去想去的地方，开阔视野和心胸，不仅可以充盈自己的精神世界，也可以让孩子对我刮目相看。

（2）孩子读大学后，你最想做什么样的父母？

①孩子读大学了，我应该放手让孩子成长，但也要对孩子的求学生活有所了解，适当提些建议。希望孩子在遇到困难时，首先想到的还是父母。我愿意做孩子坚实的后盾。

②腾出更多的时间来做之前没做到或者没做好的事情，特别是在教育小儿子的问题上，需要做出一些调整。

③做孩子的知心朋友，转变落伍的思想，在关键的问题上可以给孩子一些有帮助的建议。

④能与孩子和谐沟通的父母，能够给孩子积极的力量。我要努力做一个开明、民主的母亲。

⑤孩子长大了，要放手让她自己成长了。学习也好，生活也罢，她都在学着长大，我就远远地陪着她，默默地关注她，保障她的生活所需。

⑥想做一个智慧的、懂得爱的、有较高生活品位的妈妈。如今小女儿也读大学了，我可以为自己好好规划接下来的工作和生活了。自己的

父母年纪也很大了，我要把时间多留给他们。

⑦做一个能突破自我的母亲，期待找到一份收入不错的工作。但用人单位大多有年龄要求，尤其对因陪伴孩子而曾经暂停工作的母亲更为严格，所以我要花时间来学点东西，为重新投入工作做好准备。

⑧做空间距离遥远而心理距离很近的父母，不过于为孩子的一举一动而紧张。努力工作，享受生活，修复和先生的关系，做一个幸福的妈妈和妻子。

看了这些真挚的回答，我们是否有一丝触动？如今的父母大多能紧跟时代发展的步伐，思想上进，敢于担当，乐意为社会做力所能及的贡献。父母们愿意积极地工作和生活，继续努力实现个人价值，对自己的将来有着清晰的认识和美好的规划。

实施指南

1. 找到自我，过高质量的生活

做快乐的自己

在孩子的高中家长社群里，大家讨论高考后过着怎样的生活时，有一位妈妈说道："儿子上大学了，我也终于'解放'了。孩子刚开学的那半个多月，下班一到家，我就窝在沙发上追剧、看电影，国产的、日韩的、欧美的，好像要把以前错过的好剧好片都补回来似的。但看着看着，心就开始浮躁起来了。有一天，我突然觉得日子不能再这么过下去了，我得改变这样的生活方式。于是，我开始为自己的生活做规划，找出了以前买的瑜伽服，每天早上起来做15分钟的瑜伽，晚上在小区广场的'妈妈舞蹈团'练习跳舞。我还组织了单位同事们做工间操，打理办公室里盆栽的任务也被我包了。对现在这种有规律的生活，我感觉很充实，很有成就感，精神面貌也大为改观——当然偶尔也还是会追追剧放松一下，哈哈。儿子说我现在的生活状态比以前好多了，是真正的‘快乐一族’，他为我高兴。”

孩子高中时，我们几乎把生活重心都放到了孩子身上。孩子上大学后，我们自然就卸下了这份重担，在工作之余，有更多的时间和精力来培养兴趣，健身、拍照、品茶、看书等，并与他人分享自己的生活感受。这不仅是一种生活方式，更是一种积极的生命状态，帮助我们更深入地探索生命的意义。父母对健康休闲方式的选择和追求，也是在给孩子展示自己积极、正面的生活模式，起到榜样作用。父母过着有品质的闲暇生活，远在外地的孩子也一定会感受到父母的快乐。

2. 投身工作，享受职业的成就 努力实现个人价值

“女儿读大学后，我投入了更多精力去研发教师培训课程，在全国各地讲课，撰写的培训案例频频获奖，还开了自己的教育公众号，举办了一些公益讲座。我的生活不是像别人说的那样轻松，反而更加忙碌了。有一天，读大一的女儿问我：‘妈妈，你每天把自己搞得这么忙，到底是为什么呀？’我回答她：‘我尽己所能地享受工作，帮助他人，我的“工作情感账户”变得越来越富足，人生也更有价值和意义了，我很开心。’女儿听了，只是轻轻地‘噢’了一声。也许她现在还不能明白我这么做的用意，但她确实为我积极工作的样子而自豪，跟朋友无意间提起妈妈时眼里都是发光的。”一位妈妈与朋友分享了自己与已经上大学的女儿之间相处的片段。

孩子上大学前，父母既要操心孩子的学习，又要照顾孩子的饮食起居，还要关注孩子的心理状况，事无巨细地操劳或多或少会影响工作，有时甚至为了孩子不得不放弃一些晋级、评优、做项目的机会。孩子上大学后，父母才能把更多的时间和精力转移到工作上，而此时父母大都是40多岁，正是人一生中精力旺盛、阅历丰富的阶段，有能力专注于事业，向职业成长的又一个高峰冲刺。即使是全职妈妈，也可以重新出发，找到适合自己的新天地，感受努力奋斗带来的成就感和价值感。父

母应该用积极的生活告诉孩子：你好好学习，我积极工作，我们都在为实现自我价值而努力着。

3. 栽培自己，重塑学习的意义

和孩子一起在学习中进步

小瑛去年赴英国读大学预科班后，小瑛妈妈用了整整一年的时间参加了企业教练培训，除了每周参加 3 次早间线上训练营和 1 次线下学习，还利用其他时间在网上学习英语口语。小瑛妈妈说她必须认真学习，才能跟上孩子进步的速度。

有人说，教育孩子的真谛，就是执着地栽培自己。父母对的高中孩子的陪伴，是陪在孩子身边，照顾孩子；而对已上大学的孩子的陪伴，更多的是心灵的慰藉。孩子上了大学，我们更要坚持学习，继续提升自己，这样才能和孩子一起洞察世界，彼此进行更深层的交流；不要因为孩子读大学了，我们就放弃自我成长。我们只有不断完善自己的“人生地图”，才能真正地做到终身教育。学习是保持活力的最佳方法，当我们用积极的理念和行为影响孩子时，孩子才会更努力向学。

4. 经营感情，让孩子浸润家庭的幸福

不可忽视的情感教育

一名读大四的女孩说：“我不想和妈妈在一起住了，我接受不了妈妈的恋爱对象。父母在我大一时没告诉我一声就悄悄离婚了，还在我面前假装恩爱。其实这么多年来，我一直都知道他们感情不和，总是为了鸡毛蒜皮的小事吵架。我不明白他们的婚姻为什么能维持这么久，我不想成为他们追求各自幸福的阻碍。但我觉得妈妈现在的对象根本不爱她，我自己谈的两次恋爱也都无疾而终，感觉对爱情越来越不抱希望了。”

最好的家庭教育，就是爸爸和妈妈相亲相爱。夫妻相互尊重、关爱，才能真正爱家、爱孩子，夫妻双方都感受到来自对方的爱时，才能有更稳定的情绪，才会内心自信。孩子读大学了，父母不仅要经营好夫妻感

情，享受二人世界，也要多孝敬自己的父母，多陪他们说说话，这些都是给孩子最好的言传身教。父母表现出的情感状态，就是在给孩子做示范。孩子感受到家的美好和婚姻的幸福，心中才能绘就美好的蓝图，追求自己的幸福。

5. 操作建议

（1）参加父母成长训练团体或父母读书沙龙，以父母的成长来促进孩子的成长。

（2）思考伴侣最喜欢自己为他（她）做的事情或说的话语并付诸行动，增进夫妻感情。

（3）多拍些照片和小视频，发一发社交动态，写一写生活小随笔，记录家庭生活中的小幸福。

（4）回忆、整理和记录孩子成长的小故事或重要时刻，将来可以作为礼物送给孩子，自己也可以从中反思与提升。

延伸拓展

阅读推荐

1.《发现母亲》（著者：王东华；出版单位：中国妇女出版社）

本书对一些社会问题进行严肃而深入的思考，既是一本立论严谨、内涵深刻的教育学论著，又是一部可读性高、启发性强的知识读物。

2.《绿色疗愈力》（著者：沈瑞琳；出版单位：麦浩斯资讯股份有限公司）

本书是台湾园艺治疗理论与应用的跨领域结合，是一本汇集康复医学、心身医学、免疫学，以及园艺、花艺等领域的图书。从观念、理论，到案例分享、课程设计、活动实践，读者可以全面地了解如何通过植物不可思议的疗愈力量来创造幸福感，促进身心健康，适合喜欢园艺、居家疗愈和养生保健的父母阅读。

评估改进

一、自我评估

测测你是否放心孩子独立走将来的路。

（1）孩子读大学后，我想参加以前一直想去的摄影培训班或其他兴趣班。

（2）孩子去外地读大学了，我想和爱人好好地享受二人世界。

（3）我能说出孩子平时最喜欢做的三件事。

（4）如果孩子向我提出“我想决定自己的人生方向，希望你们不要勉强我”，我会尊重孩子的想法。

（5）如果孩子在学校开学新生报到时坚持不让我们送行，我会理解的。

（6）如果孩子在大学谈恋爱，我会放宽心并真诚地祝福孩子，和他（她）好好交流我的想法。

【评估参考】

如果你回答“是”的超过半数（3 题及以上），说明你能较好地做到放开孩子的手，能过好自己的生活，反之则可能需要改进。

二、改进计划

表 7.1 改进计划表

序号	我的收获	我的改进行动
例	过好自己的生活，就是给孩子最好的示范。	1. 坚持锻炼身体，保持健康。 2. 和爱人一起去看看电影、散散步，增进彼此的感情。 3. 重拾自己的兴趣爱好。
1		
2		
3		